कुँवर नारायण

19 सितम्बर, 1927–15 नवम्बर, 2017

कुँवर नारायण ने अपने लेखन में अध्ययन की व्यापकता, सरोकारों की विविधता, और जीवनानुभवों के सौन्दर्य-बोध से कई पीढ़ियों की रचना और जीवन-दृष्टि को निरन्तर समृद्ध किया है। अपनी सिसृक्षा में उनका कृतित्व एक सम्पूर्ण पारिस्थितिकी का निर्माण करता है। उनके जीवन और लेखन में परस्पर साहचर्य के अन्तर्निहित भाव को आद्यन्त लक्षित किया जाता रहा है जो आज भी उनकी उपस्थिति को सम्भव और मूर्त करता है। वे शुरू से ही कविता के साथ अन्य विधाओं में भी लिखते रहे हैं—चिन्तनपरक निबन्ध, कहानी, आलोचना, अनुवाद, कलाओं पर लेख, आदि। एक दुर्लभ संवेदनशीलता से उन्होंने साहित्य की कई परम्पराओं के साथ जीवन्त संवाद क़ायम किया है।

प्रकाशित कृतियाँ :

कविता : 'चक्रव्यूह', 'तीसरा सप्तक' (संकलन), 'परिवेश : हम-तुम', 'अपने सामने', 'कोई दूसरा नहीं', 'इन दिनों', 'हाशिए का गवाह', 'सब इतना असमाप्त'।

प्रबन्ध-काव्य : 'आत्मजयी', 'वाजश्रवा के बहाने', 'कुमारजीव'।

कहानी : 'आकारों के आसपास', 'बेचैन पत्तों का कोरस'।

आलोचना व वैचारिक गद्य : 'आज और आज से पहले', 'साहित्य के कुछ अन्तर्विषयक सन्दर्भ', 'दिशाओं का खुला आकाश', 'शब्द और देशकाल', 'रुख', 'लेखक का सिनेमा'।

साक्षात्कार : 'मेरे साक्षात्कार', 'तट पर हूँ पर तटस्थ नहीं'।

अनुवाद : 'न सीमाएँ न दूरियाँ।

भारतीय और विदेशी भाषाओं में रचनाओं के अनुवाद; उन पर शोध और आलोचनात्मक लेखन की पुस्तकें।

प्रमुख सम्मान : साहित्य अकादेमी पुरस्कार, शलाका सम्मान, राष्ट्रीय कबीर सम्मान, कुमारन आशान सम्मान, रोम का अन्तरराष्ट्रीय प्रीमीओं फ़ेरोनिआ, पद्मभूषण, साहित्य अकादेमी की महत्तर सदस्यता, ज्ञानपीठ पुरस्कार।

सम्पर्क : अपूर्व नारायण : an@cantab.net

बेचैन पत्तों का कोरस

कुँवर नारायण

सम्पादक
अमरेन्द्र नाथ त्रिपाठी

राजकमल पेपरबैक्स

पहला पुस्तकालय संस्करण
राजकमल प्रकाशन प्राइवेट लिमिटेड द्वारा
2018 में प्रकाशित

राजकमल पेपरबैक्स में
पहला संस्करण : 2023

राजकमल पेपरबैक्स : उत्कृष्ट साहित्य के जनसुलभ संस्करण

राजकमल प्रकाशन प्रा. लि.
1-बी, नेताजी सुभाष मार्ग, दरियागंज
नई दिल्ली-110 002
द्वारा प्रकाशित

शाखाएँ : अशोक राजपथ, साइंस कॉलेज के सामने, पटना-800 006
पहली मंजिल, दरबारी बिल्डिंग, महात्मा गांधी मार्ग, प्रयागराज-211 001

वेबसाइट : www.rajkamalprakashan.com
ई-मेल : info@rajkamalprakashan.com

यश प्रिंटोग्राफिक्स
नोएडा-201 301 (उत्तर प्रदेश)
द्वारा मुद्रित

मूल्य : ₹199

BECHAIN PATTON KA CHORUS
Stories by Kunwar Narain
Edited by Amrendra Nath Tripathi

ISBN : 978-81-19835-75-1

प्राक्कथन

मेरा कहानी-संग्रह 'आकारों के आसपास' 1971 में आया था। लम्बे अन्तराल के बाद कहानी का दूसरा संग्रह प्रकाशित होने का कारण यही है कि मैं बहुत नियमित तरीक़े से कहानियाँ लिखने के बजाय कविताएँ ही अधिक लिखता रहा। अन्य गद्य-लेखन के साथ समय-समय पर कहानियाँ भी लिखीं जो पत्रिकाओं में प्रकाशित होती रहीं। इस संकलन में कई समयों में लिखी जाती रचनाएँ हैं, जिनमें एकरूपता और तारतम्यता का न होना स्वाभाविक है, जिनका अपना अलग आस्वाद है। इन कहानियों में नए प्रयोग हुए हैं जिन्हें पुस्तक रूप में प्रकाशित करना मुझे ठीक लगा।

आज जो कहानी लिखी जा रही है उसका पारम्परिक रूप बदल रहा है। गद्य की विधाओं का मिला-जुला रूप विभिन्न तरीक़ों से कथा-लेखन में शामिल हो रहा है। मुझे गद्य की अधिकांश विधाओं का उद्देश्य अब एकदिशात्मक न होकर बहुआयामी और बहुदिशात्मक होता लग रहा है। जिस रूप में हमारे सामने जानकारियाँ उपलब्ध हैं उनका एक समावेशी प्रभाव लेखन में आना स्वाभाविक है।

गल्प विधा को रूढ़ अर्थों में बरतने का आग्रह मुझमें कभी नहीं रहा। प्रस्तुत संकलन में एकत्रित रचनाएँ एक विस्तृत और विविधतापूर्ण क्षितिज का स्पर्श करती हैं। इन्हें यहाँ साथ रखकर सम्प्रेषण की दुनिया में इनकी आज़ाद सत्ता को स्वीकार करते हुए इनको उन्मुक्त रखा है, यह मानते हुए कि कहानी और गद्य का

एक बहुत बड़ा संसार है और इन सबके द्वारा जो भी अनुभव और विचार सम्प्रेषित होते हैं वे संवाद का प्रखर माध्यम हो सकते हैं।

इन रचनाओं की स्थूल पहचान कहानी, यात्रा अनुभव, चारित्रिकी, विचार, व्याख्या आदि के साथ बनती है। एक तरह से देखें तो ये कहानियाँ स्वयं पर चिन्तन हैं और एक फैली-बिखरी दुनिया में अपने लिए एक निश्चित बिन्दु पाना चाहती हैं। गल्प की एक बड़ी क्षमता उसके बयान की शक्ति में होती है, अलग तरह की विधाओं के तत्त्व एक ख़ास विधा के बयान को और ताक़तवर बना देते हैं।

कहानी को व्यक्ति के विचार और उसके मनोविज्ञान के निकट लाने के लिए उसके शिल्प को निबन्ध की विधा के समीप लाया जा सकता है। निबन्ध, ख़ास कर व्यक्तिगत या ललित निबन्ध, इस युग में कम होते-से लग रहे हैं। उसे कहानी के निकट लाना, या कहानी को उसके निकट ले जाना, शायद दोनों को एक नया आयाम देना हो सकता है। ठीक इसके विपरीत मैंने एक दूसरे प्रकार का प्रयोग भी किया है। कहानी को इतना स्पष्ट कहानी बना देना कि वह कहानी से भिन्न कुछ का आभास देने लगे। इस दिशा में सोचना मुझे असार्थक नहीं लगा। उपलब्धि की दृष्टि से भी यह सार्थक रहेगा, ऐसा विश्वास है।

कविता के कई गुण अक्सर गद्य में जज़्ब होकर उसको एक नई तरह का ओज और आभा देते हैं। ग़ालिब के पत्रों में कई जगह तुकों तक का इस्तेमाल किया गया है। इसके बावजूद गद्य के स्वाभाविक माहौल और लय को कोई नुक़सान नहीं हुआ। बल्कि उसमें एक अतिरिक्त प्रभाव पैदा हुआ।

मैं इस युक्ति को सही मानता हूँ कि कथा साहित्य में या नाटक में, जहाँ तक सम्भव हो, हर पात्र अपनी-अपनी जगह सही मालूम पड़ना चाहिए। तभी वह संघर्ष तीखा बनेगा और उससे निकले जीवन मूल्य पाठक के मन में अधिक सशक्त आस्था उपजा सकेंगे।

जीवन में सब कुछ बहुत तार्किक और संगत ढंग से नहीं होता। बहुत कुछ ऐसा भी होता रहता है जिसका अपना आग्रह

होता है। बाद में हम उसे अपनी एक व्यवस्था और कार्यकारण सम्बन्ध देते हैं। बहुत कुछ ऐसा ही रचनात्मक लेखन के साथ भी है। जो हमारे अनुभव और विचारों में होता है वह अपनी तरह विकसित होता रहता है, हमेशा योजनाबद्ध तरीक़े से नहीं। लेख, समीक्षा वगैरह की अपेक्षा कविता और कहानी स्वतंत्र तरीक़े से आगे बढ़ती हैं—हम इसे स्वीकार करते हैं।

—कुँवर नारायण

** 4 जुलाई 2017 की सुबह तक कुँवर नारायण जी ने 'प्राक्कथन' के रूप में जितना भी लिखवाया था, वह उसी प्रकार यहाँ दिया जा रहा है।*

कहानी की सम्भावनाओं का विस्तार

भारत ही नहीं, विश्व के श्रेष्ठ साहित्यकारों में समादृत कुँवर नारायण ने हिन्दी साहित्य को कविता, कहानी, आलोचना, अनुवाद, निबन्ध, स्वतंत्र चिन्तन आदि अनेक रूपों में समृद्ध किया है। छः-सात दशकों और दो शताब्दियों में आकार पाता उनका साहित्यकार व्यक्तित्व अनेक अनूठी कृतियों का सर्जक है। कुँवर नारायण हिन्दी में एक विरल उपस्थिति की तरह हैं जिन्होंने विश्व-स्तरीय साहित्य, इतिहास, दर्शन, कला-चिन्तन को आत्मसात किया है लेकिन वह उनके लेखन में बिना कोई दिखावा किए पाठक से संवाद करता है। कुँवर नारायण की अनन्यता उनके अपने जीवन और रचनाओं में उस अद्वैत के रूप में देखी जा सकती है जहाँ ईमानदारी है, पारदर्शिता है और सादगी है। आडम्बर व अहंकार नहीं है। उच्च जीवन मूल्यों की साधना जीवन का सच हो तो वह रचना को फ़र्क़ क़िस्म से ऊर्जावान करता है। यह ऊर्जा कुँवर नारायण के समग्र लेखन का सच है।

कुँवर नारायण प्रथमतः कवि हैं लेकिन हिन्दी की दूसरी विधाओं में वे वैसा ही अधिकार रखते हैं जैसा स्पानी भाषा के लेखक होर्हे लुईस बोर्हेस। दूसरी तरह की रचना सम्बन्धी ज़रूरतों के लिए वे काव्येतर लेखन करते हैं, साथ ही, एक विधा को दूसरी विधा से समृद्ध भी करते हैं। कुँवर जी कहते भी हैं—'कविता से भिन्न कहानी एक ख़ास तरह की ज़रूरत को पूरा करती है। उस तरह की ज़रूरत मैंने महसूस की है, उस समय भी जब कविता छोड़कर कहानी लिखता हूँ या कहानी छोड़कर समीक्षा लिखता हूँ।... एक विधा से

दूसरी में प्रवेश के पीछे कहीं यह विचार भी रहता है कि साहित्य की एक विधा की संवेदनाओं और तकनीक का दूसरी विधाओं में भी प्रवेश हो। इससे दूसरी विधाएँ समृद्ध ही होंगी—नष्ट या दूषित नहीं। एक तरह का 'क्रॉस पॉलीनेशन' कह लीजिये इसे : अन्यथा एक विधा धीरे-धीरे अपने आप में ही सिमटकर बेजान हो जाती है, उसका विकास रुक जाता है।' निश्चय ही विधा-सम्बन्धी ये प्रयोग रचनात्मक ज़रूरत का हिस्सा होते हैं, सिर्फ़ विधा-लेखन के लिए किए गए विधा-प्रयोग नहीं। विधाएँ रचना की भीतरी ज़रूरत हों तो वे उसके औचित्य को दूर तक प्रमाणित ही नहीं करतीं, उन्हें सफल भी बनाती हैं। कुँवर नारायण की कृतियों का कहानीकार भी उतना ही औचित्यपूर्ण और सफल रहा है जितना कि उनका कवि।

'आकारों के आसपास', जो कुँवर नारायण का पहला कहानी-संग्रह है, सन् 1971 में आया। इस संग्रह की अपने समय में, और आज तक, अच्छी-ख़ासी चर्चा रही है। इस संग्रह की कहानियों की समीक्षा करते हुए नेमिचंद्र जैन का वक्तव्य क़ाबिलेग़ौर है—'... बाहरी उत्तेजना भले ही न हो, पर आज की दुनिया में इंसान की हालत को लेकर गहरी बेचैनी और छटपटाहट इनमें ज़रूर है।' इन कहानियों का आस्वाद उस दौर में काफ़ी अलग पाया गया जो आज तक अपने आकर्षण को अक्षुण्ण रखे हुए है। हिन्दी के कई प्रतिष्ठित कहानीकारों ने अपने कथाकार के विकास में कुँवर नारायण के 'आकारों के आसपास' की कहानियों की भूमिका को स्वीकार किया है। 'बेचैन पत्तों का कोरस' कुँवर नारायण का दूसरा कहानी-संग्रह है। इसमें छोटी-बड़ी बीस रचनाएँ शामिल हैं। सभी अपनी 'टेकनीक' में अलग-अलग हैं। इनका वैविध्य ख़ासा आकर्षक है। इनमें बहु-स्तरीयता है। गुणवत्ता और परिपक्वता है। 'इंसान की हालत को लेकर गहरी बेचैनी', जिसकी चर्चा उक्त उद्धरण में नेमि जी ने की है, वह छोर है जो इस संग्रह को पहले संग्रह से जोड़ता भी है। इस संकलन का आना हिन्दी के वर्तमान कथा-परिदृश्य में बहुत बड़े अभाव को पूरा करता है।

स्वातंत्र्योत्तर भारत में, हिन्दी में, कवियों के काव्येतर लेखन के प्रति जैसा स्वागत और स्वीकार का भाव होना चाहिए था वह नहीं

दिखाया गया। नई कविता और नई कहानी के साहित्यकारों के बीच एक विभाजन सक्रिय रहा जिसने साहित्य को देखने के बजाय साहित्यकारों की छवियों और पहचान को देखना और बनाना अधिक पसन्द किया। अतः मुक्तिबोध, कुँवर नारायण, रघुवीर सहाय आदि बहुत-से साहित्यकारों के काव्येतर लेखन के साथ यथोचित न्याय नहीं किया गया। कुँवर नारायण ऐसी अनावश्यक-उत्तेजक बहसों से ख़ुद को अलग रखते हैं इसलिए उन्होंने अपने पहले कहानी-संग्रह को पाँच-छह वर्षों बाद प्रकाशित कराया। रचनात्मक स्तर पर इन बहसों का जवाब उन्होंने अपनी कहानियों से पहले ही दे दिया था जो तत्कालीन 'नई कहानी' के कहानीकारों के लिए ही नहीं, आलोचकों के लिए भी चुनौती थी। 'आकारों के आसपास' की कहानियों पर बात करते हुए रघुवीर सहाय ने इसे रेखांकित किया है—'हिन्दी कहानी के विराट शामियाने की स्थापनाओं के पैबन्दों से भरी छत में से जहाँ आकाश का यह खंड दीख रहा है वहाँ कुँवर नारायण ने एक बड़ा छेद कर दिया है। आलोचनाशास्त्र बनाने वालों को इस पर अपने मनमुताबिक़ पैबन्द लगाना मुश्किल होगा।' जब 'बहसों का तूमार' थका नहीं था, तब कुँवर नारायण ने इन बहसों का जवाब रचनात्मक स्तर पर दिया। यह जहाँ उनके कथाकार की विशेष उपलब्धि है वहीं उस परिदृश्य में एक ज़िम्मेदार और गम्भीर रचनात्मक कार्रवाई भी।

जो यथार्थ हमारे सामने है वह बहुआयामी है। यह बहुआयामिता उसे बहु-विधात्मक भी बनाती है। दुनिया भर के साहित्य में साहित्यिक विधाओं की भीतरी आवाजाही इसका प्रमाण है। कुँवर नारायण ने अपनी कहानियों में विधाओं की आवाजाही को सहज, और सजग, रूप में सम्भव किया है। इन कहानियों पर श्रीलाल शुक्ल के शब्दों का सहारा लें तो कहना होगा कि 'ये पुष्ट रचनाएँ हैं और इनके पीछे कुँवर नारायण का कवि, नाटककार, समीक्षक और विचारक का जाना-माना रूप कहीं न कहीं परिलक्षित होता है।' प्रस्तुत संकलन की रचनाओं में कथानक को बरतने के किसी चिर परिचित 'पैटर्न' से अलग कथाभाव को अनुपस्थित न करते हुए उसके साथ कथेतर विधाओं का सुन्दर समन्वय किया गया है। इससे कहानी की सम्भावनाएँ विस्तृत हुई हैं, सीमित नहीं।

देश और काल का विराट फलक कुँवर नारायण की कहानियों को वृहत्तर और वैश्विक सन्दर्भ देता है। कई कहानियों में हम पाते हैं कि कोई समस्या किसी स्थान विशेष से या काल विशेष से इस तरह ज़रूर जुड़ती है कि वह उसकी भीतरी छानबीन के मर्म से ख़ुद को समृद्ध करे लेकिन इस तरह नहीं जुड़ती कि दुनिया की किसी दूसरी जगह या किसी दूसरे काल के यथार्थ को अनिवार्यत: नकार दे। इस तरह की कई कहानियाँ हैं जो अनूदित रूप में किसी दूसरे देश में पहुँचें तो वहाँ के पाठक इनके साथ वैसा ही जुड़ाव महसूस करेंगे जैसे यहाँ के पाठक। जिन कहानियों में स्थान और समय के खास प्रसंग—जैसे हुएन-त्सांग, खजुराहो, बख़्तियार, अकबराबाद आदि प्रसंग—आते हैं वे उन प्रवृत्तियों से सहज ही मिल जाते हैं जो काल के भूत, वर्तमान और भविष्य किसी भी रूप में होने का निषेध नहीं करतीं।

कार्ल मार्क्स का कहना था कि 'फ़ॉर्म इज़ द फ़ॉर्म ऑफ़ इट्स कंटेंट'। (रूप, अन्तर्वस्तु का ही स्वरूप है।) कविता, आलोचना और कथालेखन—लगभग इन सभी साहित्य-रूपों में सक्रिय रहे मुक्तिबोध मानते रहे कि वस्तुतत्त्व अपने अनुकूल रूपतत्त्व लेकर आता है। सन् 1961 में प्रकाशित कविता-संग्रह 'परिवेश : हम तुम' पर विचार करते हुए उन्होंने कुँवर नारायण के काव्य-शिल्प की उपलब्धि को स्वीकार किया है—'कवि कुँवर नारायण ने अपना एक शिल्प विकसित कर लिया है जिसमें कहने की सादगी, संवेदना की तीव्रता, रंगों की गहराई और ख़यालों की लकीरें साफ़-साफ़ उभरकर आती हैं।' कहानी-संग्रह 'आकारों के आसपास' आने तक मुक्तिबोध जीवित होते तो बहुत सम्भव है कि कुँवर नारायण के कथा-शिल्प की ख़ूबी को भी वे रेखांकित करते। अपना शिल्प पा लेना, जिसमें कहन की सादगी, ताज़गी, तीव्रता और गहराई हो, किसी भी रचनाकार के लिए एक बड़ी उपलब्धि है। कविताओं की तरह कहानियों के बारे में भी यह उल्लेखनीय है कि कुँवर नारायण ने आरंभ से ही अपने कथ्य के अनुरूप अपना कथा-शिल्प भी विकसित कर लिया था। प्रस्तुत संकलन की कहानियाँ विकसित शिल्प के साथ-साथ शिल्प की विविधता का भी सुन्दर उदाहरण हैं।

'वे : एक फ़ैंटेसी' जैसी कहानी फ़ैंटेसी, 'कूछा में हुएन-त्सांग' बोधकथा और 'कुएँ की चुप्पी' लोककथा सा असर अपने पाठकों पर डालती हैं। कुछ कहानियाँ क़िस्सागोई का प्रभाव भी बनाती हैं, जैसे 'राजधानी में पानी की कमी'।

कुछ कहानियों में कहानीकार की अपनी निगाह ने कुछ विशेष रचा है। इनमें रोज़मर्रा की ज़िन्दगी के सामान्य अनुभवों के बीच से कुछ विशिष्ट प्रस्तुत किया गया है। साधारण में असाधारण का संधान सम्भव हुआ है। जैसे कि 'वृंदा' और 'सम्भावनाएँ' में। 'सम्भावनाएँ' के पात्र अमन के लिए संकल्पित कथन है—'अमन को किसी तरह अपने जीवन को झकझोरना होगा—क्या वह उसे अपने कर्म से एक असाधारण आशय दे सकता है।' और साधारण से 'वृंदा' की स्वभावगत असाधारणता यह रही—'इतनी असाधारण बात को इतनी साधारण तरह कह जाना वृंदा के उसी स्वभाव का द्योतक था जो मन्दिरों के इतने बड़े इतिहास को एक मामूली स्मारिका पट्टी के बल पर बदल देने के दृढ़ संकल्प में था।' असाधारणता का संधान पात्रों के आविष्कार में भी है। ख़ास कर परम्परा के भीतर से। इस लिहाज़ से 'भविष्य के वाल्मीकि से पत्नी का प्रतिवाद' कहानी 'क्लासिक' महत्त्व की है। अग्निशर्मा, या भविष्य के वाल्मीकि, की पत्नी का पक्ष लाना, पूरी परम्परा के भीतर से एक नए पात्र, एक आधुनिक आवाज़ और तर्क, का आविष्कार है। नारीशक्ति की अनुगूँज हमें यहाँ मिलती है—'मैं अस्वीकार करती हूँ तुम्हारे साथ रहना, तुम्हें यह गृह त्यागना होगा, गृह पर गृहिणी का अधिकार होता है।'

कुँवर नारायण की कहानियों के संसार में विचरते हुए फ़्रैंज़ काफ़्का की याद आती है। काफ़्का अपनी कहानियों में वैज्ञानिक की तरह मानव स्वभाव के किसी नए आयाम को खोजकर हमारे सामने ले आते हैं। कुँवर नारायण की कहानियों में मानव स्वभाव का आश्चर्यप्रद आयाम एकाएक खुलता है। ग़ौरतलब है कि यह किसी चमत्कार दिखाने की तरह न होकर कहानी की स्वाभाविकता में घटित होता है।

जीवन-जगत के ऐसे कई बिन्दु या सूत्र होते हैं जिन्हें हम सामान्य रूप से नहीं देखते और सोचते, वे कुँवर नारायण की

कहानियों में एक 'नई बात' की तरह उद्घाटित हो जाते हैं। साक्षात्कारों के दौरान कुँवर नारायण ने कहीं-कहीं, यद्यपि बहुत कम, अपनी कहानियों की रचना-प्रक्रिया पर बातें की हैं। एक साक्षात्कार में वे ऐसे ही जीवन-जगत के सूत्रों या बिन्दुओं का संकेत करते हुए कहते हैं कि 'किसी भी एक बिन्दु को पकड़कर पूरी कहानी की रचना हो सकती है। इस तरह के डाइमेंशंस (विस्तारों) को कहानी में एक्सप्लोर (खोज) करना अच्छा लगता है...।'

फणीश्वर नाथ रेणु के एक कहानी-संग्रह का नाम है 'ठुमरी'। ग़ौरतलब है कि उसमें 'ठुमरी' नाम की कोई कहानी नहीं है। रेणु का इस पर कहना है कि उस संग्रह की सभी कहानियाँ ठुमरी-धर्मा हैं। उनमें एक समवेत सांगीतिकता है। कुँवर नारायण के पहले कहानी-संग्रह की भूमिका के आख़िरी अनुच्छेद में 'कोरस' शब्द प्रयुक्त हुआ है। वहाँ कहा गया है कि कथाकार 'क़िस्से को बयान ही नहीं कर रहा है, उसे सोच भी रहा है, नाटकों के कोरस की तरह से।' इस कहानी-संग्रह में 'बेचैन पत्तों का कोरस' नाम की कोई कहानी नहीं है लेकिन बेचैन कोरस का समवेत स्वर अनेक कहानियों में है।

****

अपनी रचनाओं के प्रकाशन को लेकर कुँवर नारायण कभी बहुत उत्सुक और फ़िक्रमन्द नहीं रहे हैं। इसी कारण उनके लेखन का कुछ हिस्सा अप्रकाशित रहा। विगत कई वर्षों से उनके नज़दीक रहते हुए, उनके अप्रकाशित लेखन से गुज़रते हुए, इन कहानियों पर भी चर्चा होती रही। मैंने इन कहानियों की फाइल को फिर से व्यवस्थित किया और इन्हें पढ़कर कुँवर जी को सुनाया। इसमें कुछ कहानियाँ ऐसी भी हैं जो पत्रिकाओं में छप चुकी हैं, किन्तु कोई भी कहानी किसी कहानी-संग्रह में नहीं आई है। बहुत-सी दूसरी कहानियों के प्रारूप भी मिले। इस समय तक न देख पाने की समस्या के बावजूद कुँवर जी ने इन कहानियों पर राय दी। कुँवर जी के रहते हुए कहानी-संग्रह पर प्रकाशन-पूर्व का कार्य लगभग पूर्ण हो गया था। इस कहानी-संग्रह का नाम भी उन्होंने ही सुझा दिया था—बेचैन

पत्तों का कोरस। अगले दो-तीन दिनों में संग्रह प्रकाशनार्थ जाना था लेकिन नियति को कुछ और मंजूर था। मुझे अफ़सोस है कि कुँवर जी के रहते हुए यह कहानी-संग्रह प्रकाशित नहीं हो सका। संकलन के बनने में कुँवर जी की जीवन-संगिनी भारती नारायण जी के अनुभव, समझ और श्रम अत्यधिक मददगार सिद्ध हुए हैं। बिना उनकी सहायता के यह सम्पादन कार्य मेरे लिए असम्भव होता। जैसे बहुत-सी समझदारियों के लिए कुँवर जी की निकटता का ऋणी हूँ वैसे ही भारती जी का भी।

—अमरेन्द्र नाथ त्रिपाठी

क्रम

प्राक्कथन *5*
कहानी की सम्भावनाओं का विस्तार *9*

सीमारेखाएँ 21
वृंदा 26
सन्धि 39
उसका अहाता : कितने चेहरे 49
कुएँ की चुप्पी 63
एक ट्रैजिडी 66
कूछा में हुएन-त्सांग 70
भविष्य के वाल्मीकि से पत्नी का प्रतिवाद 75
अलग-अलग शक्लों में 81
किलबरी वन 85
वे : एक फ़ैंटेसी 90
मोनालीसा की डायरी 100
राजधानी मे पानी की कमी 105
एक यात्रा का छोटा-सा संस्मरण 109
भुवन का सोचना 113
मुंशी जी 119
सम्भावनाएँ 125
वॉरसॉ में ओल्गा 132
कहानी की खोज 144
कमरे 148

बेचैन पत्तों का कोरस

सीमारेखाएँ

एक बार ऐसा हुआ कि दो देशों के बीच सीमारेखा, यानी विभाजन रेखा, अचानक कहीं खो गई। ख़ासा वाद-विवाद, लड़ाई-झगड़ा, मारामार थी उसको लेकर। सब यकायक थम गया। दोनों देश लड़ना छोड़कर खोजने में लग गए अपनी-अपनी सीमारेखाएँ, बल्कि अपनी सीमारेखा जो दोनों की होते हुए भी किसी एक की ही नहीं थी।

क्योंकि सीमारेखा खो गई थी इसलिए सबसे बड़ी मुश्किल दोनों देशों के बीच फ़र्क़ करने में हो रही थी। दोनों का रंगरूप एक, रहन-सहन एक,

ज़मीन-आसमान एक, पहाड़-नदियाँ-जंगल एक, वेशभूषा तक एक। रक्त का रंग एक, शरीर की बनावट भी एक।

सीमारेखा के खो जाने वाला हादसा उस समय हुआ जब उसी सीमारेखा को लेकर दोनों देशों के बीच घमासान लड़ाई चल रही थी। उसके ग़ायब होते ही लड़ाई रोकनी पड़ी और दोनों ही देश लड़ना छोड़कर लड़ाई की जड़, यानी सीमारेखा, को खोजने में जुट गए।

इतिहास से शुरू किया तो पता चला कि अभी कुछ ही वर्षों पहले तक वह कहीं थी ही नहीं! कुछ लोगों को शक हुआ कि भीषण गोलाबारी में कहीं वह नाज़ुक-सी सीमारेखा ही तो नहीं हलाल हो गई। लेकिन ऐसा अगर हुआ होता तो कहीं उसकी लाश तो मिलती। एक लाश मिली तो ज़रुर पर इतनी क्षत-विक्षत हालत में कि उसे पहचानना ही मुश्किल हो गया।

कुछ उत्साही और जानकार लोग सीमारेखा की तलाश में पुरातत्व में भी गए। वहाँ हाल और भी बुरा था, दो देशों के बीच तो क्या वहाँ किन्हीं भी देशों के बीच कोई भी सीमारेखा नज़र नहीं आ रही थी। उनमें से कुछ लोग यह अटकल लगा रहे थे कि शायद आधुनिक समय में सीमारेखा उसी तरह पाताल में चली गई थी जैसे वैदिक काल में सरस्वती नदी विलुप्त हो गई थी।

फ़िलहाल, समस्या का कोई हल नज़र नहीं आ रहा था—न वर्तमान में, न इतिहास में, न भविष्य में, न आदमी की नस्ल में, न उसकी शक्ल में, न साहित्य में, न कलाओं में, न भूगोल में... सीमारेखा न रहने से सब एक-सा लगने लगा था, मानों कई अलग-अलग देश न होकर एक ही दुनिया हो। सबसे बड़ी दिक़्क़त यह थी कि साफ़-साफ़ पता ही नहीं चल रहा था कि कौन किसके विरुद्ध है : सब एक दूसरे के पक्ष में लगते थे। और जब यह न पता चले कि कौन किसके ख़िलाफ़ है, मानव जाति की सबसे बड़ी पहचान, उसके हज़ारों साल पुराने योद्धा-रूप का ही लोप होता जा रहा था : युद्ध और संघर्ष जैसे महाकर्म का अभिप्राय ही घपले में पड़ गया लगता था। बिना संघर्ष के प्रगति कैसे हो? संघर्ष क्या रुका कि मानव जाति की प्रगति ही रुक गई थी। विकास के अनवरत क्रम में

दिल दहला देने वाली बाधा उत्पन्न हो गई थी। संघर्ष और संहार के अपार और अपराजेय साधनों का आविष्कार, निर्माण और वितरण करने वाले तमाम संस्थानों और कारख़ानों के लिए संकट पैदा हो गया था। जिसका विपरीत प्रभाव उन्नत और अनुन्नत देशों पर एक साथ पड़ रहा था। उनकी आर्थिक व्यवस्था डाँवाडोल होने लगी। लड़ाइयाँ अगर किसी भी वजह से रुक गईं तो मनुष्य जाति का विनाश अवश्यम्भावी था। पृथ्वी अगर बच भी गई तो किस काम की।

जिन घने जंगलों, वीरानों और दुर्गम पहाड़ों वगैरह से होकर सीमारेखा गुज़रती थी वहाँ उसे हर वक़्त दृष्टि में रखना वैसे भी हमेशा ही मुश्किल रहा था—अब जब वह खो गई थी, या दिखाई नहीं दे रही थी, उसे ढूँढ़ पाना लगभग असम्भव था। सबसे बड़ी मुश्किल पैदा हो गई थी उसे ढूँढ़ने वालों की भीड़-भभ्भड़ की वजह से जो (सीमारेखा के न रहने से) दोनों देशों के बीच इतनी आज़ादी से आ जा रहे थे कि मानो अब दो नहीं, दोनों मिलकर एक ही देश हो गए हों। यहाँ तक कि दोनों देशों के बीच मेल-मुहब्बत और शादी-ब्याह तक का सिलसिला शुरू हो गया।

इसके पहले कि मुआमला एक बिल्कुल स्वाभाविक सरलीकृत समाधान में ठहरकर हमेशा के लिए शांत हो जाता और दो महान देशों के बीच फ़र्क़ कर सकने वाली लड़ाई-झगड़े की कोई बुनियाद ही न बचती, कुछ पेशेवर देशभक्त राजनीतिज्ञों और कूटनीतिज्ञों ने मुआमले को आगे बढ़कर हाथ में ले लिया, और सार्वजनिक रूप से, अत्यंत समारोही ढंग से, शपथ खायी कि देश के हित में हम मामले को उलझाकर ही रहेंगे, और पक्का संकल्प लिया कि अगर पुरानी सीमारेखा किसी कारण से ढूँढ़ने से न भी मिली तो हम नई सीमारेखा बनाएंगे, चाहे इस महान प्रयास में दोनों देशों को मर मिटना ही क्यों न पड़े।

इस 'मर मिटने' वाले नारे का लोगों पर कमाल का प्रभाव पड़ा।

तमाम ऐसे लोग सामने आने लगे, और नए-नए लोग पैदा भी होने लगे, जिन्होंने इस मर मिटने वाले धर्म को ख़ुशी-ख़ुशी स्वीकार कर लिया और उसे देश विदेश में मुस्तैदी से फैलाने लगे। उनके

विश्वव्यापी सम्प्रदाय बनने लगे जिनके लिए दूसरों को मार कर मर मिटने का धर्म किसी भी धर्म से ज़्यादा महत्त्व रखता था। देश-देश में वह धर्म तेज़ी से फैलने लगा और उसके अनुयायी उसी तरह फैलने लगे जैसे महामारी फैलती है।

एक कट्टर अनुयायी से किसी नाबालिग़ नासमझ ने नादानी में पूछा, "ज़रा विस्तार से समझाइये इस मर मिटने, या मार कर मिटा देने वाले इस धर्म, की बारीकियों को?"

वह विस्तार में नहीं गया, ज़रा जल्दी में था। विस्तार में जाने का न तो उसके पास समय था, ना ही धीरज। नाबालिग़ की बचकानी उत्सुकता को बीच ही में काटते हुए उसने कहा, "इसमें विस्तार है ही नहीं, केवल संक्षेप में मर मिटना है।"

"समझा नहीं, ज़रा और..."

"समझाता हूँ।" यह कहकर, उसने बात की एक गोली बनाकर नाबालिग़ के उलझे हुए दिमाग़ में ठोंक दी। इससे सन्देह उठाने वाला तो हमेशा के लिए शांत हो गया, लेकिन दूसरे नाबालिग़ भी इसके सार तत्व को तुरन्त और बख़ूबी समझ गए।

बात जब मर मिटने वाले ज़्यादा बड़े मुद्दे पर जा टिकी, तो सीमारेखा वाला तनाव कुछ कम हुआ, मगर स्थिति गम्भीर बनी रही। मामले को उलझाने और फिर उलझाये रखने में मीडिया की ओर से भी राजनीति को पूरा सहयोग मिल रहा था। माहौल किसी भी सरल और सीधे समाधान के बिल्कुल ख़िलाफ़ था। महायुद्ध तक हो सकता था क्योंकि मर मिटाने वाले धर्म को बचाए रखना ज़रूरी था। सारी दुनिया विस्फोट के एक नाज़ुक बिन्दु पर बैठी सोच रही थी कि अचानक ख़बर उड़ी, "खोई हुई सीमारेखा मिल गई, वह ज़मीन पर नहीं, एक नक़्शे में छिपी बैठी थी, जैसे बिल में साँप।"

अब सीमारेखा नहीं, वह नक़्शा, विवाद का विषय था जिसमें वह मिली थी।

एक बहुत बड़ी मेज़, दुनिया से भी ज़्यादा बड़ी मेज़, पर एक छोटा-सा नक़्शा फैलाकर मेज़ को घेरकर नक़्शे के चारों ओर तमाम विशेषज्ञ बैठ गए। नक़्शे में तमाम सीमारेखाओं की इतनी ज़बरदस्त गिचपिच थी कि पता नहीं चलता था कौन-सी रेखा किस देश की

या किस जाति की सीमा थी। एक साधारण व्यक्ति से लेकर पूरी मानव जाति तक की सीमारेखाओं का एक ऐसा महाजटिल महाजाल फैला हुआ था कि उसके नीचे पूरी पृथ्वी लगभग ढँक गई-सी लगती थी। देशों में ही नहीं, अब तो घर-घर में हर व्यक्ति परेशान था दो के बीच एक सही सीमारेखा की तलाश में...।

सिर्फ़ बच्चे ख़ुश थे, जो नहीं मानते किसी भी सीमारेखा को। वे उड़ रहे थे हवा में, असीम में रंगबिरंगे गुब्बारों की तरह, अपने पीछे सीमारेखाओं को टूटे हुए धागों की तरह लहराते।

वृंदा

लगभग अँधेरा हो चला था जब अविनाश खजुराहो पहुँचा, सोचा वृंदा को सूचना देता चलूँ कि मैं आ गया हूँ।

एक लड़की ने दरवाज़ा खोला। उसे देखकर आश्चर्य हुआ। चौखट से शरीर टिकाकर खड़े होने की उसकी भंगिमा में कुछ था जो खुजराहो के मन्दिरों पर अंकित मूर्तियों की याद दिलाता था। या शायद उसकी सुडौल देह, उसकी ख़ामोशी में जीवन्तता से अधिक एक प्रतिमा की-सी सुगढ़ता और कालातीत-सी निरपेक्षता थी। वृंदा घर पर नहीं था—

इसे शब्दों में न कह कर, एक आकर्षक मुद्रा से बताकर वह मानो विदेह हो गई।

अविनाश ने उससे कहा, "अपना पता दिए जाता हूँ। वह मिले तो मेरे पास भेज देना। अभी तीन-चार दिन विश्रामघर में ठहरा हूँ।"

एक दिन वृंदा अचानक आ धमका। उससे उसके बारे में कोई भी बात निकलवा लेना असम्भव था। बड़ी सफ़ाई से वह अविनाश की पूछताछ के फन्दों से बाहर निकल जाता और एक अजीब तरह की रहस्य की दुनिया में खो जाता। उसी को लेकर उसकी उत्सुकता थी। ज़रूर कुछ है जिसे वृंदा छिपा रहा है।

"मैं न किसी से छिपता हूँ न कुछ छिपाता हूँ। मैं सूर्य की तरह साफ़ चमकना चाहता हूँ—सूर्य का कोई रहस्य नहीं है।"

"सूर्य का डूबना रहस्य नहीं?"

"वह सूर्य का नहीं वह रात का रहस्य है", और इसी तरह की तमाम चालाक बातों से वह अपने को छिपाये रहता। अविनाश को भी ज़िद थी कि एक दिन उससे निकलवा कर रहेगा जिसे वह इतनी चालाकी से छिपाये रखना चाहता है।

"दरअसल", एक दिन वह अचानक ही बोल उठा, "मैं एक कहानी की तरह नहीं इतिहास की तरह घटित होना चाहता हूँ। मेरी जगह इतिहास में है, राजाओं की कहानियों में नहीं।" यह दुर्लभ क्षण था कि अपने बारे में उसने बोलना शुरू किया था और अपने आप ही। एक वितृष्णा-सी भी हुई कि यह आदमी ख़ुदग़र्ज़ है, सिर्फ़ अपने ही बारे में सोचता है, दूसरों के बारे में नहीं। लेकिन यह ग़लत था। यह उसका अपना तरीक़ा था—अपने बारे में इस तरह सोचना, जिस तरह एक समझदार आदमी को आदमी के बारे में सोचना चाहिए।

"आदमी को रहस्य बनाने का ही यह नतीजा है कि आदमीयत अमूर्त हो जाती है, बड़ेपन के, निकम्मेपन के क़िस्से बनने लगते हैं। वे दिलचस्प होते हैं क्योंकि उनमें नाटक होता है, नाटक अच्छा लगता है तो हम ज़िन्दगी को नाटक बनाने लगते है। हमें उस सच को पाना है जो सदियों से झूठ के नीचे दबा पड़ा है। आदमी रहस्य

नहीं एक सचाई है : छोटी-सी मासूम-सी सचाई। यों समझिए, वह कहानी नहीं एक छोटी-सी कविता है जिसका न आरम्भ है, न अन्त। वह सिर्फ़ होती है, बल्कि यों कहिए वह होती भी नहीं, होने की एक ख़ूबसूरत कोशिश भर होती है।"

"वह झूठ नहीं हो सकती?"

"वह झूठ हो सकती है, लेकिन एकदम पकड़ी जाएगी, छिपने-छिपाने के लिए झूठ बराबर बड़ी-बड़ी आलीशान जगहें उसके पास हैं ही नहीं। जितनी सचाई हो उतनी ही ज़िन्दगी जीना चाहता हूँ। इतनी अगर काफ़ी नहीं तो झूठ नहीं जीना चाहता।"

"वह है क्या जिसे आप जीना चाहते हैं!"

"उसे ही जी रहा हूँ जिसे आप मुझसे एक कहानी की तरह पाना चाहतें हैं और जिसे मैं एक सचाई की तरह देना चाहता हूँ—जिसे रोज़ सुबह एक मूर्ति की तरह गढ़ना शुरू करता हूँ, शाम तक वह ख़त्म हो जाती है अचानक कहीं भी।"

ज़रूर उसकी कोई त्रासदी होगी, जिसे वह चालाकी से छिपाना चाह रहा हो। ज़रूर उसके जीवन में कहीं न कहीं कोई स्त्री होगी या है।

"थी। पहली और अन्तिम स्त्री, मेरी माँ।"

अविनाश ने कहा "इसका मतलब आप स्त्री के प्यार से वंचित रहे..."

"इसका मतलब मैंने प्यार का सब से सच्चा और उदात्त रूप ही जाना है अब तक। कितना भाग्यवान हूँ।"

"और पिता?"

"कौन है अब भी नहीं जानता। कभी नहीं जाना। जीवन की पहली और सबसे प्रामाणिक सचाई के रूप में माँ को जाना है, उसके प्यार और त्याग को। जिन कहानियों में पिता, परमपिता वगैरह होते हैं, मेरी वह कहानी नहीं। माँ मेरे लिए सम्पूर्ण और आदि सत्य है। वह एक फूल की तरह खिलती है, प्यार के लिए जीती है, और प्यार पर न्यौछावर हो जाती है।" फिर, कुछ झिझकते हुए बोला, "यह भावुकता लगे तो कुछ और कह लीजिए इसे—जैसे 'मदर-फ़िक्सेशन' या ऐसा ही और कुछ, क्या फ़र्क़ पड़ता है..."

उससे कोई भी बात करें वह सैकड़ों साल पहले से शुरू करता, मानों वह आज नहीं सैकड़ों साल पहले जी रहा हो। उसकी आयु चालीस से अधिक नहीं रही होगी फिर भी वह इस तरह बोल रहा था मानों सारा जीवन जी चुका, सब कुछ जान चुका, सारे निष्कर्ष निकाल चुका।

"आपकी माँ, क्या उनके बारे में और जान सकता हूँ।"

"लेकिन वह उसकी कहानी होगी—मेरी नहीं।"

"आप करते क्या हैं।"

"मूर्तिकार हूँ और मूर्तियों की चौकीदारी भी करता हूँ।"

"और कोई शौक़?"

"बिल्ली पालने का, और समय मिले तो थोड़ा पढ़ लेता हूँ।"

"दोस्त हैं?"

"ख़ास नहीं। जो साथ हो उसे साथी मान लेता हूँ, जैसे इस वक़्त आप..."

एक मूर्तिकार बिल्ली पाले और चौकीदारी करे, बात समझ में आने वाली नहीं थी।

"चौकीदारी चौकीदारी ही है चाहे अपना माल हो चाहे दूसरे का, अपना माल न हो तो ज़्यादा आज़ाद रहता हूँ। कर्तव्यभाव से अनासक्त रखवाली करता हूँ। जानता हूँ माल उनका भी नहीं है। माल किसी का नहीं होता। ज़िन्दगी भर उसे अपना मानकर उसकी रखवाली करते हैं, और एक दिन अचानक सब कुछ लुट जाता है। इसी तरह से भव्य मन्दिर लुटे थे और इसी तरह उनके लूटने वाले भी..."

बड़ी घिसी-पिटी बात है, अविनाश ने सोचा और अन्दर ही अन्दर हँसते हुए कहा, "ज़रा सधुक्कड़ी बात है यह।"

"सब सधुक्कड़ी बातें ग़लत नहीं...। चीज़ों को अपना समझकर और अपना न समझकर जीने में चीज़ें नहीं आदमी ही दो तरह परिभाषित होता है। आप सोचेंगे फिर वही सधुक्कड़ी, मैं कहानी नहीं अगर दर्शन या इतिहास को अपनी तरह जीना चाहता हूँ तो इसमें क्या ग़लत है?"

"लेकिन क्या यह हमेशा हमारे हाथ में होता है कि हम जैसे चाहें वैसे जियें।"

"सब नहीं, फिर भी बहुत कुछ ऐसा हमारे हाथों में छोड़ दिया गया है कि हम अपने बारे में निश्चयात्मक फ़ैसले ले सकते हैं। मसलन अस्वीकार की बहुत बड़ी छूट हमें है। और कम भी कम नहीं होता, सच पूछिए तो बहुत से बहुत बड़ा होता है, अगर हम अपने को छोटा नहीं बहुत बड़ा करके सोचें।"

कोई कहानी नहीं हो सकती ऐसे आदमी की ज़ो इतने 'मेटाफ़िज़िकल लेवल' पर सोच रहा हो। नाहक उसकी ज़िन्दगी में एक कहानी का मसाला ढूँढ़ा जाय।

"आपकी माँ..."

"वह मेरे साथ नहीं रहतीं, किसी और के साथ रहती हैं।" वह इस तरह चुप हो गया कि आगे उसे किसी भी बात के लिए उकसाना नामुमकिन लगने लगा। उस समय बात वहीं समाप्त हो गई, लेकिन बहुत बाद में उसने बताया, माँ ने नौकरी करके उसे पाला-पोसा, पढ़ाया-लिखाया, इससे अधिक वे उसके लिए और कुछ करने लायक़ जब न रहीं, उसे अपने प्रति सारी ज़िम्मेदारियों से आज़ाद करके अलग हो गईं। "वे मुझ पर भार बनकर नहीं रहना चाहती थीं।"

एक दिन वह अच्छे मूड में था, बोला, "आपने कभी पूछा था मैं क्या करता हूँ। बताता हूँ, एक खोज कर रहा हूँ।"

"खोज?" शायद यह उस कहानी की शुरूआत हो जिसे वह छिपाने की कोशिश में है।

"जी हाँ, वैज्ञानिक खोज।"

यह आदमी या तो सनकी है, या एकदम रहस्यवादी। यह धारणा उस दिन लगभग पुष्ट हो गई जब वह कुछ सोचते-सोचते अकस्मात् बोला—

"आजकल मैं एक बहुत ही दिलचस्प ऐतिहासिक खोज में लगा हूँ। उसके सूत्र एक दिन अचानक ही मेरे हाथ लग गए। इस

'अचानक' का जीवन में बहुत महत्त्व होता है। उसका सम्बन्ध खजुराहो के मन्दिरों से है।''

''लेकिन...''

उसने रोकते हुए कहा, ''मैं जानता हूँ आप क्या कहेंगे। अभी मेरे सामने आप उन तमाम तथ्यों को—तथाकथित तथ्यों को—दुहरा देंगे जिन्हें आपने इतिहास की किताबों में पढ़ा है। लेकिन इतिहास की किताबों से हटकर तथ्यों को आपने कभी एक नई तरतीब, नई व्याख्या देने की कोशिश की है? आपने तथ्यों पर शक करना सीखा है तो व्याख्याओं पर भी क्यों नहीं करते, और जब तक वह व्याख्या शक से परे सिद्ध नहीं हो जाती उसे तत्काल या फ़िलहाल स्वीकार क्यों कर लेते हैं?''

''लेकिन मन्दिरों के बारे में तो सिद्ध ही है कि...''

''तथ्य वही रहें और अगर उनके बारे में एक बिल्कुल फ़र्क तरह की व्याख्या रख दी जाय तो बिना इस नई व्याख्या की चुनौती को ग़लत सिद्ध किए आप कैसे कह सकते हैं कि आपकी पुरानी व्याख्या ही सही है?''

''इस तरह तो हम कहीं नहीं पहुँच सकते। एक ही तथ्य की इतनी व्याख्याएँ सम्भव हैं कि हमारा भटकना कभी समाप्त नहीं हो सकता।''

''इसीलिए मैं कहानियों में विश्वास नहीं करता। वे कुछ तथ्यों की तमाम व्याख्याएँ हैं और हम इतिहास में नहीं, कहानियों के इतिहास में भटक रहे हैं।''

''ऐसा नहीं है'' अविनाश ने कहा, ''आपने तो तर्क को कुतर्क की सीमा तक पहुँचा दिया...''

''तर्क की कोई सीमा नहीं, यह हमारी तर्क-क्षमता की सीमा है कि अपनी सीमा को हम तर्क की सीमा मान लेते हैं।''

मन में एक गहरी उत्सुकता थी कि मालूम तो हो वह सोचता क्या है। न सही उसकी अपनी कहानी, उसकी कही कहानी ही सही।

वृंदा ने कहा, ''मेरी एक प्रस्तावित व्याख्या है जिसके लिए मुझे अकाट्य तथ्यों की खोज करनी है।''

"प्रस्तावित व्याख्या आपकी ही है?"

"इस सम्भावना को 'रूल आउट' नहीं किया जा सकता कि जिससे मुझे यह व्याख्या मिली वह मेरे ही 'मन' का या हमारे 'सामूहिक मन' का अवतार रहा हो। ख़ैर छोड़िये इन बातों को।" उस दिन बात आगे नहीं बढ़ सकी और खजुराहो वाली बात वहीं की वहीं रह गई।

दूसरे दिन अविनाश जब वृंदा के घर पहुँचा, वह फिर वहाँ नहीं था। उसी लड़की ने उसी तरह दरवाज़ा खोला और पाषाणी कला-सी उसी तरह खड़ी रही। "तुम नहीं जानती वह कहाँ है?" उसने मानो सब कुछ जानते हुए भोलेपन से सिर हिला दिया कि जैसे वह बेचारी तो कुछ नहीं जानती। मक्कार!

"विरोधाभास", दूसरे दिन वृंदा ने चलते-चलते कहा, "आदमी के तर्क में नहीं उसके जीवन में होता है। इतिहास मेरे लिए मनुष्य का हज़ारों साल लम्बा जीवन चरित्र है... वे जिन्होंने मन्दिर बनाए, और वे जिन्होंने मन्दिर तोड़े, दोनों के अपने-अपने तर्क थे। उसे बनाने और तोड़ने की यह धरोहर, ये इतिहास के खंडहर, जो हमारे पास आज रह गए हैं, उनकी व्याख्या करते समय हमारा भी एक तर्क होता है। लेकिन सच पूछिये तो हमारी और उनकी मानसिकता में आज भी बहुत फ़र्क़ नहीं। बनाने और मिटाने की वही प्रवृत्तियाँ हमारे अन्दर आज भी उतनी ही हैं।"

शाम का अँधेरा घना होने लगा था। वृंदा ने अपनी जेब से बीड़ियों का एक पैकेट निकाला। एक बीड़ी सुलगाकर पैकेट वापस रखने जा रहा था कि उसे शायद ध्यान आया, कोई और भी वहाँ है। बीड़ियाँ बढ़ाईं, कुछ हिचकते देखकर बोला, "शायद आप बीड़ी नहीं..."

"नहीं, नहीं, ऐसी कोई बात नहीं" और अविनाश ने एक बीड़ी सुलगा ली। बीड़ी का आकार उसे कुछ अजीब लगा और स्वाद भी अलग-सा, पर बुरा नहीं था। वह कमरे में जब वापस आया तो थोड़ा-थोड़ा चक्कर-सा आ रहा था। शायद बीड़ी का तम्बाकू कुछ

अतिरिक्त तेज़ था। बिना खाना खाये ही वह सो गया। रात भर अजीब-सी बेचैनी रही, ऊलजलूल सपने आते रहे।

दूसरे दिन वृंदा से मिला, पर उससे बीड़ी के बारे में कुछ नहीं कहा।

वृंदा ने कहा, "मुझे अक्सर विचित्र स्वप्न आते हैं, ये सारी मूर्तियाँ जीवित हैं। ये अपने रचनाकार को भी उसी तरह सपनों में रचती रहती हैं जैसे मनुष्य अपने ईश्वर को रचता है।"

स्पष्ट था कि उसके अन्दर कहीं एक लड़ाई थी जिसे वह वर्तमान में नहीं इतिहास में लड़ रहा था। यौन-कुंठा? असफल शिल्पकार? या सीधे-सीधे विक्षिप्त? दिलचस्प बात थी कि उसका इन तीनों में से कुछ, या शायद तीनों ही, होना इतना नहीं था जितना इतिहास पर इनका कुशल प्रक्षेपण।

उसकी कुंठा का संकेत एक दिन एक अजीब घटना से मिला।

"यह वल्लरी है", इससे अधिक परिचय उसने वल्लरी से कभी नहीं कराया था। उसकी आयु ऐसी थी कि वह उसकी पत्नी भी हो सकती थी, और पुत्री भी। उसके व्यवहार में भी इसी प्रकार की द्विविधा रहा करती थी।

पूछने पर वह बोला, "न पुत्री, न पत्नी। मेरी शिष्या। मुझसे नृत्य सीखती है।" तो वह नृत्य-गुरु भी था!

एक दिन अचानक बोला, "चलिए आज आपको नई चीज़ दिखाता हूँ, नृत्य।" उसके चेहरे पर वह रोज़ वाली अन्यमनस्क-सी गम्भीरता न थी, एक अस्वाभाविक उन्माद-सा था। ऐसे ही वक़्त वह किसी तरंग में नए रहस्य का उद्घाटन करता।

उस नृत्य की परिकल्पना के मूलाधार क्या थे बताना मुश्किल है; मगर उसका कोई एक आधार नहीं था। वातावरण अफ़्रीकी 'वूडू' की याद दिलाता था। ध्वनि संयोजन में प्रागैतिहासिक शब्दहीनता और जंगली आवाज़ों का लयबद्ध संयोजन था—ख़ासकर ढोलक की थाप पर। इन सबके बावजूद उसमें भारतीय नृत्यों के शिल्प-सौष्ठव की गढ़न का अद्‌भुत परिमार्जन था। वह नृत्य इतना नहीं था जितना अनेक मुद्राओं का नृत्यात्मक प्रदर्शन।

नृत्य समाप्त होने के पहले ही अविनाश विश्रामगृह वापस लौट आया।

कई दिनों तक वृंदा से कोई मुलाक़ात नहीं हुई। लेकिन किसी अजीब तरह के आकर्षण ने उसे खजुराहो से बाँध रखा था, और कोई काम न रहते हुए भी वह वहाँ ठहरा हुआ था। एक दिन सुबह उसके घर पहुँचा। वल्लरी मिली, वैसी ही उदास, गुमसुम, निःशब्द। वृंदा के बारे में पूछा तो वह चुप खड़ी देखती रही, प्रतिमा की तरह! अन्दर से वृंदा की आवाज़ आई, "वह गूँगी है, मूर्तियों की ही तरह।"

इतनी असाधारण बात को इतनी साधारण तरह कह जाना वृंदा के उसी स्वभाव का द्योतक था जो मन्दिरों के इतने बड़े इतिहास को एक मामूली स्मारिका पट्टी के बल पर बदल देने के दृढ़ संकल्प में था।

वृंदा हँसा, "है न आश्चर्य, यह सजीव प्रतिमा, असंख्य भंगिमाएँ, लेकिन सब की सब अवाक्! मैं उसे ताल दे सकता हूँ, लय दे सकता हूँ, संगीत दे सकता हूँ लेकिन वाणी नहीं दे सकता। यह अपने बारे में कुछ भी नहीं बता सकती। यह उन असंख्य मूर्तियों का इतिहास है जो इसके नृत्य में सजीव हो उठती हैं।

लेकिन इस समय नृत्य नहीं खजुराहो वाली बात अविनाश के दिमाग़ में घूमने लगी थी। बातों-बातों में ऐसे ही किसी मामूली-से संकेत को छोड़कर वृंदा आगे बढ़ जाया करता था—और उसे निकलवाने की एक कोशिश ऐसे संकेतों को पकड़े रहना होता था। खजुराहो की स्मारिका पट्टी वाले प्रसंग को उठाया तो वह बोला—

"कन्दरिया महादेव के एक मंडप में एक छोटी-सी स्मारिका पट्टी पर एक अज्ञात नाम खुदा हुआ मिला था—वृंदा!" यह कहकर वह थोड़ा रुका फिर बोला, "इतिहासकारों ने उसे महाराज विद्याधर का उपनाम माना है... यह ज़बरदस्ती है। इतिहासकारों ने तो मन्दिर बनाने वालों को ही मिटाकर रख दिया। उनके लिए तो सब राजाओं के ही उपनाम थे।" वह उत्तेजित हो गया था, फिर एकदम उदास।

"कौन था यह वृंदा" पूछने पर वह कुछ देर देखता रहा मानों आरपार अतीत में किसी और को देख रहा हो। उसने बताया, "गृहपति परिवार के प्रसिद्ध शिल्पकार कोक्कल गृहपति के पुत्र।"

ऐसा लगा कि अब वह इतिहास की कहानी सुनाएगा, पर जो कहानी उसने सुनायी उसमें इतिहास का सुदृढ़ तारतम्य और प्रामाणिकता की निबन्ध-पटुता थी—लगभग पाठ्यक्रम वाली पुस्तकों की-सी निष्प्राण तथ्यपरकता, परन्तु उसकी कहानी का सबसे रोमांचक हिस्सा तथ्यों का संग्रह नहीं, उनके सहारे कल्पना की बेलगाम उड़ान होती थी।

"महाराज धंग के पुत्र गंड ने जैजाकभुक्ति पर 1002 से 1017 तक राज्य किया। गंड के बाद उनके पुत्र विद्याधर ने 1017 से 1029 तक राज्य किया। इतिहासकार इब्नुल अत्तहर ने उन्हें बीडा नाम भी दिया है और उस समय का सर्वशक्तिमान राजा माना है। विद्याधर का समय चंदेलों का सबसे समृद्ध और प्रतापी समय था। और यही वह समय भी था जब उत्तरी भारत की सीमा पर महमूद ग़ज़नी के हमलों का क्रम आरंभ हुआ। कालाचूरियों और परमार राजाओं को हराने के बाद भारत में विद्याधर का सामना कर सकने लायक़ कोई न बचा था। महमूद ग़ज़नी से भी उसका कालिंजर के किले को लेकर दो बार, 1019 और 1022 में, युद्ध हो चुका था। इसी विद्याधर के समय में प्रसिद्ध कन्दरिया महादेव के मन्दिर का निर्माण हुआ। विद्याधर शैव अवश्य था लेकिन...", कहकर वृंदा रुका। शायद वह कुछ हिचकिचा रहा था, पूछने पर उसने अपने विवरण को दूसरी तरफ़ से उठाया—

"महाराज धंग कलाओं और वास्तुकला के उदार संरक्षक थे। उन्हीं के समय में आज भी खजुराहो में स्थित विश्वनाथ और पार्श्वनाथ मन्दिर बने थे। विश्वनाथ मन्दिर का निर्माण तो महाराज धंग ने स्वयं कराया था, 1002 में, लेकिन पार्श्वनाथ मन्दिर का निर्माण पाहिल नामक व्यक्ति से करवाया गया था, जिसको धंग द्वारा पुरस्कृत किए जाने का ज़िक्र मिलता है।

इसी समय एक तीसरे मन्दिर का भी निर्माण हुआ था जो आज ठीक-ठीक पहचान में नहीं आता—वैद्यनाथ मन्दिर। इसके निर्माता,

मेरे पूर्वज, कोक्कल गृहपति थे, 1001 में, गृहपति वंश के। वही जगदंबी और चित्रगुप्त मन्दिरों के निर्माता भी थे। वृंदा नामक मेरे पूर्वज कोक्कल गृहपति के ही पुत्र थे।''

''इसका कोई सबूत है आपके पास?''

''वे कोक्कल के पुत्र नहीं थे, इसका कोई सबूत है इतिहासकारों के पास? वृंदा नाम विद्याधर का ही था, किसी और का नहीं, इसका कोई सबूत है? महाराज विद्याधर हर तरह समर्थ थे; जहाँ चाहते, जितनी जगह चाहते, अपना नाम खुदवा सकते थे, फिर एक मंडप की छोटी-सी पाषाणपट्टी पर ही क्यों? और वह भी महाराजाधिराज, सर्वशक्तिमान, आदि आदि विशेषणों से युक्त विद्याधर नाम न खुदवाकर यह ज़रा-सा उपनाम 'वृंदा' क्यों? मैं आपसे पूछता हूँ कि इस व्याख्या से क्या मेरी व्याख्या अधिक विश्वसनीय नहीं लगती आपको?''

''इतिहास तथ्य ढूँढ़ता है, सबूत ढूँढ़ता है, केवल विश्वसनीयता नहीं।''

''केवल तथ्य और सबूत नहीं, उनकी व्याख्या ज़रूरी बात है। किसी भी तथ्य की ग़लत व्याख्या हो सकती है। सदियों तक अनेक ग़लत व्याख्याएँ उसी एक ग़लत व्याख्या के आधार पर होती चली आ सकती हैं। वृंदा मेरे पूर्वज नहीं चंदेल राजाओं के वंशज थे, यह ऐसी ही एक ग़लत व्याख्या है जिसने कोक्कल गृहपति के गुणी शिल्पकारों और वास्तुकारों का इतिहास मिटाकर रख दिया है।'' उसके मन में गहरा क्रोध था। उसने वल्लरी की ओर देखा। ''मेरे बाद अब इस लगभग हज़ार वर्ष पुराने गृहपति परिवार का अन्त ही समझिये। मैं शायद इस वंश का अन्तिम शिल्पकार हूँ...।''

''आपके पहले आपके वंश का कोई सदस्य...''

''रहे होंगे। कुछ बन्दी बनाकर ग़ज़नी ले जाए गए थे। उनमें से कई बाद में भारत लौटते भी रहे। वे अपना नाम और धर्म तो बदल सके, लेकिन शिल्प और कला को बदलना आसान नहीं होता, वे हाथों के साथ जुड़े हस्ताक्षरों की तरह होते हैं। मन्दिरों, मक़बरों में वे हस्ताक्षर आज भी जीवित हैं, पाहिल, कोक्कल और वृंदा की तरह!''

"और आप?"

"मैं नहीं जानता मुझे कौन-सी प्रेरणा यहाँ खींच लाई, इस छोटे से खजुराहो के गाँव में। शायद वह छोटा-सा हस्ताक्षर वृंदा..."

"लेकिन आप उन्हीं के वंशज हैं, यह कैसे मालूम?"

वह अपने घर के पीछे एक छोटे से आंगन में ले गया। आँगन के एक कोने पर छप्पर के नीचे ढेरों मूर्तियाँ देखकर अविनाश दंग रह गया, उनकी आकृति बिल्कुल वैसी ही थी जैसी मन्दिरों पर अंकित थी।

"मैं आज भी सपनों में उन मन्दिरों को देखता हूँ, इतने निकट से कि उनमें अंकित एक-एक शिल्प मेरे अन्तर्मन में अंकित हो जाता है।"

उसका दावा था कि यदि कोई खर्च करने को तैयार हो तो वह उन मन्दिरों का आज भी पुनर्निर्माण कर सकता था!

उसने आँखों में गहराई से झाँकते हुए कहा, "आप जिसे चाहें सच मानें। लेकिन आप जिसे सच मान रहे हैं उसमें मैं अगर थोड़ा-सा भी सन्देह डाल पाता हूँ तो समझूँगा सचाई की खोज की दिशा में मैं एक क़दम और आगे बढ़ा। देखिये, किसी भी सचाई में पक्के यक़ीन से ज़्यादा ज़रूरी है उसकी पक्की छानबीन। यह सचाइयों का निषेध नहीं, उन तक पहुँचने का वैज्ञानिक तरीक़ा है। है ना? मेरा प्रस्ताव बिल्कुल झूठ और मन-गढ़न्त हो सकता है, लेकिन मैं आपसे पूछता हूँ कि जिसे आज आप बिल्कुल सच मान रहे क्या वह सब सन्देहों से परे है?"

उसकी यह सनक उस सीमान्त पर कल्पनाशील थी जहाँ यथार्थ और स्वप्न के फ़र्क़ मिटकर लगभग एक सृष्टि कर डालते हैं। उसने जो कहा वह बिल्कुल झूठ और विकृत होकर कल्पना हो सकता है, लेकिन फिर भी उसके कहने में एक गहरा आत्मविश्वास और 'पैशन' था। उसमें अगर यथार्थ की नहीं तो एक सशक्त कहानी की तात्कालिक विश्वसनीयता तो थी ही।

वृंदा उत्तेजित होकर बोलता जा रहा था, "इतिहास ने मेरे पूर्वज कलाकारों के साथ घोर अन्याय किया है। जैजाकभुक्ति के प्रसिद्ध

मन्दिरों के निर्माताओं और शिल्पकारों का नाम मिटाकर रख दिया गया। खजुराहो के ये भव्य मन्दिर जिन गुणी कलाकारों की देन हैं आज उनका नाम तक नहीं लिया जाता—मानों ये मन्दिर उनकी नहीं ऐश्वर्यभोगी और विलासी राजाओं-महाराजाओं की रचनाएँ हों!"

वह लगभग चीख़ रहा था, "मैं उन अज्ञात वृन्दाओं को किसी न किसी शताब्दी में स्थापित देखना चाहता हूँ जिन्हें कभी एक सुल्तान की ग़ुलामी तो कभी एक राजा की नौकरी ने सदियों से छोटी स्मारिका पट्टियों में क़ैद कर रखा है!"

सन्धि

अबकी गाँव गया तो पक्का इरादा करके गया था कि कुछ भी हो जाए, बाबा से किसी भी बहस में नहीं पड़ूँगा। अस्सी बरस के बाबा पुराने ज़माने के ही आदमी नहीं थे, ठेठ गाँव के भी आदमी थे। ठेठ गाँव का आदमी होना ग़लत नहीं, मगर वो अपने को आधुनिक और उन्नतिशील विचारों का आदमी भी मानते थे और आधुनिक चिन्तन पर ख़ासा ज़ोर देते थे। उनकी दृढ़ मान्यता थी कि विज्ञान की जड़ें भी भारतवर्ष में ही थीं, जहाँ से विदेशी उसे लूट ले गए। उनकी तर्क-क्षमता की पूरे गाँव में

धाक थी। पंचायत कोई भी फ़ैसला देने से पहले बाबा का मुँह देखती थी।

मुझको बाबा सिर्फ़ इसलिए एक चुनौती मानते थे क्योंकि मैं बचपन से शहर में रहा था, वहीं पढ़ा-लिखा था और उनके विचार से मेरे तथा उनके बीच शहर बनाम गाँव वाली असहज स्थिति बनती थी। वैसे तो बाबा मिडिल पास ही थे, मगर घर पर संस्कृत, उर्दू, अंग्रेज़ी और थोड़ी बहुत फ़ारसी भी पढ़े थे। ब्रज-भाषा काव्य के रसिक थे और अपने को उसका मर्मज्ञ मानते थे, बाबू जगन्नाथदास रत्नाकर का 'गंगावतरण' उन्हीं से सुन चुके थे। उर्दू का सबसे बड़ा कवि नज़ीर अकबराबादी और फिर अनीस को मानते थे। मैंने एक बार मीर, ग़ालिब और इक़बाल का नाम लिया तो मुझ पर टूट पड़े, "तुम न हिन्दी समझो, न उर्दू; और अंग्रेज़ी, जिस पर इतना नाज़ है, उसका एक भी वाक्य सही लिख नहीं सकते। तुम लोग साहित्य की बारीकियाँ क्या समझोगे!" 'तुम' की बजाय 'तुम लोग' महत्त्वपूर्ण बहुवचन था। बाबा के लिए मैं केवल एकवचन 'मैं' नहीं था, उस पूरे वर्ग का प्रतिनिधि था जिसकी शिक्षा-दीक्षा को मैकॉले ने चौपट कर दिया था। बाबा का कहना था कि सैकड़ों अंग्रेज़ शासक हिन्दुस्तान को उतना नुक़सान नहीं पहुँचा पाए थे, जितना अकेले मैकॉले पहुँचा गया।

बहरहाल, गाँव पहुँचकर तीन दिन तक जिस सावधानी से मैं बाबा के प्रिय आध्यात्मिक विषयों से कतराता रहा, वे दमआलू के रूप में भी प्रकट हो सकते हैं, इसकी मैंने कभी कल्पना न की थी।

मैंने देखा कि मेरी बहस की सबसे बड़ी कमज़ोरी यह होती थी कि वह लामहाला बहु-आयामी हो जाती थी, जबकि बाबा अपनी बहस को एक-आयामी रखने के मामले में एक आर्यसमाजी की तरह कट्टर थे। यही उनकी तथा उनके बहस की वह ताक़त थी, जिसके सामने मैं हमेशा किंकर्तव्यविमूढ़ होकर रह जाता।

उस दिन बात 'दमालू' से शुरू हुई। बाबा ने छूटते ही मुझे सही किया, 'दम-आलू'। साधारण उच्चारण भेद से ही कैसे आलू और दम का लोप तथा 'दमा' और 'लू' का प्रकोप सम्भव है, इस पर बाबा ने एक छोटा-सा लेक्चर दे डाला। मेरे मनोबल को ज़बरदस्त

धक्का लगा, पर सम्हलते हुए मैंने अपनी आदत के मुताबिक़ बहस को दूसरे आयामों की ओर ले जाना चाहा कि दमआलू में मुख्य चीज़ 'दम' है न कि 'आलू'।

'आलू' कहने में बाबा को एक सेकेंड भी नहीं लगा होगा। उन्होनें दम-आलू के ठोस आधार को चुन लिया था। दर्जनों मसालों वाला 'दम' मेरे ज़िम्मे रहा। मैं समझ गया, एक बार फिर एक-आयामी आलू बाबा की तरफ़ और बहु-आयामी मसाले मेरी तरफ़ थे। द्वंद्व शुरू हुआ। बाबा बोले "आलू के बिना दमआलू कहाँ से आएगा?"

मैंने कहा, "दम आलू को दमआलू तो तभी कहा जाएगा, जब उसमें मसाले का दम हो, वरना है वह ठेठ आलू।"

"तो जाइए आप बिना आलू के अपने मसाले भून लाइए, मैं बिना मसालों के अपना आलू भून लाता हूँ। देखें, दोनों में कौन-सी चीज़ खाने लायक़ ठहरती है।" 'कैसी रही बेटा' वाले विनोदी भाव से बाबा मुस्कराए जा रहे थे।

"आप तो एकदम दमआलू खाने पर पहुँच गए। यह तो बहस करना नहीं, बहस को खा जाना हुआ। बहस तो यह है कि दरअसल दम-आलू कहेंगे किसे?"

"ग़लत! बहस यह है कि दम और आलू में ख़ास चीज़ कौन-सी है—आलू या दम! मैं समझता हूँ, मसालों के बिना भी आलू में ख़ासा दम है—मसाले इसी दम को और ज़्यादा दमदार बनाते हैं। आलू में यह कुदरती दम न होता तो मसाले किसी भी सब्ज़ी का दमआलू बना देते।"

"मगर मसाले किसी भी सब्ज़ी के दम को और ज़्यादा दमदार बनाने की कुव्वत तो रखते ही हैं। यह कुव्वत आलू में कहाँ?"

"है क्यों नहीं, किसी भी सब्ज़ी में आलू डाल दीजिए और फ़र्क़ देखिए..."

बाबा की बहस में दम था। फिर भी, बहस के एक और आयाम को खोलते हुए मैंने कहा, "आलू भून-भूनकर खाने से दमआलू पकाने तक आदमी ने जो लम्बी सभ्यता-यात्रा की है, क्या वह महत्त्वहीन है?"

"हरगिज़ नहीं, मगर इस यात्रा में तवज्जो अगर आलू से हटकर मसालों पर टिक जाए—यानी असल से हटकर उसकी बनावट-सजावट में उलझती चली जाए तो यह ज़रूर एक ख़तरनाक बात होगी।"

"और अगर आलू पर ही टिकी रह जाए तो?"

"दमआलू नहीं मिलेगा, मगर ऐसा नहीं होगा कि आलू की जगह सिर्फ़ मसाले हाथ लगें।"

"यह तो आप बड़ी ज़बरदस्ती की बात कर रहे हैं बाबा। आख़िर जब आदमी दमआलू की दिशा में आगे बढ़ेगा तो आलू के बिना कैसे आगे बढ़ेगा। वह तो रहेगा ही।"

"रहेगा, पर यह तो हो ही सकता है कि मसालों की लज़्ज़त से आदमी इतना चौंधिया जाए कि आलू से ज़्यादा मसाले पैदा करने लगे, यहाँ तक कि आलू जैसी असल चीज़ कम पड़ जाए और मसालों जैसी सजावटी चीज़ें ज़रूरत से ज़्यादा पैदा की जाने लगें। इसीलिए मैं आलू जैसी मुख्य चीज़ का पक्ष ले रहा हूँ।"

"और मसालों की ख़िलाफ़त।" मैंने बहस को थोड़ी और गहराई में ले जाने की कोशिश की, "आप दमआलू में दम और आलू की स्थितियों को परस्पर सहयोगी न मानकर परस्पर विरोधी क्यों मानते हैं। यह क्यों मानते हैं कि दोनों में से एक न एक दूसरे को खा ही जाएगा? आदमी दमआलू खाएगा, यह मानकर चलिए तो आदमी के पास सिर्फ़ आलू या सिर्फ़ दम नहीं, दोनों चीज़ें रह सकती हैं। यह भी मुमकिन है कि जो आदमी मसालों की दिशा में इतनी दूर तक पहुँचा है, ज़्यादा आलू पैदा करने की दिशा में और भी दूर तक पहुँचे।"

बाबा इस तर्क के ख़तरनाक पहलू को भाँप रहे थे, जो उन्हें सिर्फ़ मसालों की ओर से ही नहीं, अब आलूओं की तरफ़ से भी घेर रहा था—ज़रा चूके कि दोनों हाथ से गए। यह बहु-आयामी बहस का चक्रव्यूह बन रहा था, जिसे एकतरफ़ा दबाव से ही बेधा जा सकता था।

"मैं हवा में बहस नहीं करता। आदमी क्या करेगा, क्या नहीं, इसे ख़ुद नहीं जानता, शायद भगवान भी नहीं जानता। मैं तो,

भइया, प्रत्यक्षवादी हूँ। गाँव का आदमी, धरती से जुड़ा हुआ आदमी, मिट्टी की गन्ध से जुड़ा हुआ आदमी..." मैंने देखा, बाबा एकदम भावुक हो गए थे—उनकी आँखें छलछला आई थीं। आलू को लेकर नहीं, मिट्टी की गन्ध की कल्पना को लेकर। कल्पना इसलिए क्योंकि बरसों से बाबा की सूँघने की ताक़त बुढ़ापे के कारण जाती रही थी। उन्हें ख़ुशबू और बदबू में फ़र्क़ नहीं पता चलता था। मुझे यह भी पता था कि बाबा को भुने आलू और उबले सिंघाड़े बेहद पसन्द थे, लहसुन-प्याज से परहेज़ था। मसालेदार सब्ज़ियाँ हज़म नहीं कर पाते थे तो वैसे भी दमआलू का पक्ष लेना उनके लिए नामुमकिन था। मगर बहस को उनके चरित्र या बुढ़ापे से जोड़ना बेईमानी होगी, क्योंकि तब उतनी ही बेईमानी से सारी बहस को मेरे अन्ततः दमआलू जैसी चीज़ को शहराती वर्ग में रखकर लताड़ा जा सकता था। और तब सारी बहस मुख्य विषय व्यंजन से हटकर हमारे चरित्रों पर उतर आती और कोई भी बहस जब चरित्रों पर उतर आती है तो उसमें केवल चरित्रों का हनन होता है, विषय पर मनन नहीं।

बाबा जब स्वस्थ हुए, उस समय तक वह सारी मिट्टी उनके आँसुओं से भीग चुकी थी जिसे हम अपने देश की, बल्कि अपने प्रदेश की, बल्कि अपने घर की, बल्कि अपने पाँवों तले की मिट्टी कहते हैं।

"आलू इसी मिट्टी की उपज है। आलू में इस मिट्टी की सहज सोंधी गन्ध है।"

"मसाले भी तो इसी मिट्टी से..." मैंने बहुत सम्भलकर कहा।

"मसालों में इस मिट्टी की सोंधी गन्ध नहीं, ज़रा टेढ़ी गन्ध है..."

"एक बात कहूँ बाबा, आलू भी इस देश की चीज़ नहीं। सैकड़ों साल पहले कहीं बाहर से लाकर इस देश की मिट्टी में बैठाए गए थे, तब से यहीं के होकर रह गए।"

बाबा मुझे अविश्वास से देख रहे थे "बिल्कुल ग़लत, सरासर झूठ। मैं जानता हूँ, अब तुम यही कहोगे कि आलू अमरीका से यहाँ लाए गए थे।"

"और योरोप में वे..."

बहस का इस तरह इतिहास में चले जाना बाबा के लिए असह्य था। बमककर बोले, "किस स्साले ने यह सब झूठ लिखा है।"

"मगर बाबा, यह तो ऐतिहासिक सत्य है..."

"चुप रहो, बड़े कहीं के ऐतिहासिक सत्य के नाती बने हो। यह सब अंग्रेज़ों का फ़रेब है। यहाँ राज किया तो किया, हमारे इतिहास को भी नष्ट कर गए। सब अंट-शंट लिख मारा। ख़ुद तो हमारे वेद-पुराण उठा ले गए। उन्हें पढ़-पढ़कर हवाई जहाज़ बना डाला—और अब हमीं उनके आलू चुराने गए... ख़ूब! टिकिया चोर साले! इतिहास बहुत बड़ा है, सिर्फ़ उतना ही नहीं है जितना अंग्रेज़ लिख गए। सच पूछो तो उन्हें आलू भी कहीं हमारे वेद-पुराणों में ही मिला होगा। और अब तो बेईमान हवाई जहाज़ की तरह आलू को भी अपनी चीज़ बताते हैं।"

"तो फिर दम और आलू भी कहीं न कहीं ज़रुर हमारे वेद-पुराणों में रहा होगा, जैसे हवाई और जहाज़। फिर इन्हें आप अलग-अलग और एक दूसरे का विरोधी क्यों मानते हैं बाबा? हवा पुरानी चीज़ और जहाज़ नई चीज़ मिलकर अगर एक बहुत नई चीज़ बन सकते हैं तो इससे तो यही सिद्ध होता है कि हवाई जहाज़ में हवा और जहाज़ की स्थितियाँ परस्पर विरोधी नहीं, सहयोगी हैं।"

"अगर तुम बहस को (दमआलू से) हवाई जहाज़ पर ले जाना चाहते हो तो मुझे कोई आपत्ति नहीं, पर इतना याद रखो कि अगर दम और आलू के बीच सन्तुलन बिगड़ा तो दमआलू खाने लायक़ नहीं बचेगा, मगर हवा और जहाज़ के बीच में सन्तुलन बिगड़ा तो समझ लो सीधे 'क्रैश', जान पर बन आएगी। तुम्हारी यह सभ्यता-यात्रा सीधे रसातल पहुँचेगी। मैं तो फिर भी अपने आलुओं पर ज़िन्दा रह लूँगा, पर तुम न हवा के रहोगे, न ज़मीन के।"

"अगर सन्तुलन बिगड़ा तो बहुत-सी चीज़ें कहीं की न रहेंगी। यह शरीर, यह ज़िन्दगी भी जो एक बहुत नाज़ुक तनाव से क़ायम हैं, नहीं रहेंगे। पदार्थ का एक अणु, सोचिए बाबा, कितने

नाज़ुक तनाव पर टिका ऊर्जा से झनझनाता रहता है। एलेक्ट्रॉन, प्रोटॉन, न्यूट्रॉन लगातार गतिशील—एक पटरी से कूदकर दूसरी पर दौड़ते रहते हैं, ठीक उसी तरह, जैसे इतने बड़े ब्रह्मांड में पृथ्वी, सूर्य, चन्द्र, ग्रहों, नक्षत्रों का यह विराट मेला! एक अदृश्य लय, एक नाज़ुक सन्तुलन। कभी-कभी ये टकरा जाते हैं तो अनेक सृष्टियाँ नष्ट हो जाती हैं—भयानक! पर ये सब अगर रुक जाँए बाबा, तब? न चलें न टकराएँ, तब आप उसे सावधानी कहेंगे शायद, पर मैं उसे मृत्यु कहूँगा। जीवन है तो तनाव भी होगा, गति भी होगी, संघर्ष और अन्तर्विरोध भी होगा, तभी शक्ति और ऊर्जा होगी। तनाव और अन्तर्विरोध केवल नष्ट करते होते तो मनुष्य-जाति अब तक नष्ट हो गई होती, लेकिन हम अभी हैं और आगे भी रहेंगे—आलू भी उगाएँगे और मसाले भी, क्योंकि अभी हमें बेहतर दमआलू बनाना है—बेहतर हवाई जहाज़ बनाना है जिसकी उड़ानें सिर्फ़ अन्तरराष्ट्रीय नहीं, अन्तरसौरमंडलीय हों। मेरे लिए सिर्फ़ आलू काफ़ी नहीं, क्योंकि मैं जानता हूँ, क्योंकि कभी हमने महसूस किया था कि हमारे लिए सिर्फ़ अपने आप उगने वाले कंद-मूल फल काफ़ी नहीं।''

''आधी छोड़ पूरी पे धावे, आधी रहै न पूरी पावै। बहस के लिए बहस एक बात है, पर तुम्हारी बहस व्यावहारिक नहीं, निरी सैद्धांतिक है। दिमाग़ी है, हृदय की बात नहीं। सीधा रास्ता छोड़कर भटकने-भटकाने वाला रास्ता है।''

फिर वही बेहूदा तरीक़ा बहस का—मैं सोच रहा था—दो प्रस्तावों को आमने-सामने रखकर लड़ा दो। व्यवाहारिक बनाम सैद्धांतिक, दिमाग़ी बनाम दिली, ज़मीनी बनाम आकाशीय, अजीब मुश्किल है। सीधा रास्ता! ज़िन्दगी का सबसे सीधा रास्ता है मृत्यु—फिर इतना चक्कर क्यों, जब अन्त में मरना ही है? मैंने कहा, ''पेड़ की जड़ें ज़मीन में होती हैं मगर पेड़ ज़मीन की ओर नहीं, आसमान की ओर बढ़ता है तो इसका यह मतलब नहीं कि पत्ते, फूल, फल जड़ों से ही ख़िलाफ़त कर रहे हैं। वे सब पेड़ हैं, और पेड़ का पेड़ होना उन सबका उसी तरह स्थित होना है अन्यथा पेड़ का अस्तित्व नहीं रहेगा।''

''तुम्हारी बहस अपनी जगह सही हो सकती है, मगर जड़ भी अपनी जगह सही है।''

''मैं कब कहता हूँ कि वह सही नहीं है। मैं तो सिर्फ़ कह रहा हूँ कि पेड़ का मतलब सिर्फ़ जड़ नहीं, और बहुत कुछ भी है।''

''लेकिन जड़ सूख रही हो तो कुछ भी नहीं है। मुझे लगता है कि कभी-कभी हमारा ध्यान पेड़ की फुनगियों पर तो है, जो सामने दिखाई देती हैं, पर उन जड़ों पर नहीं, जो छिपी हैं।'' मैं समझ गया—छिपी बात कर के बाबा ने अपनी बहस को अचानक एकदम कमज़ोर कर लिया था!

''बाबा, पहले यह बताइए कि आप प्रत्यक्ष पर बहस कर रहे हैं या परोक्ष पर?''

''दोनों पर।''

''तो इसका मतलब आप दोनों में विरोध नहीं मानते? आप दोनों तरफ़ हैं?''

बाबा चुप रहे। फिर थोड़ी देर बाद ज़रा कष्ट में बोले, ''जब यह बात शुरू हुई, तभी मुझे लगा था कि मामला सिर्फ़ दमआलू तक नहीं रुकेगा। इसलिए जब तुमने ब्रह्मांड और अणु का विराट रूप दिखाया तो मैं समझ गया, यह तो पूरा महाभारत है, जिसके अंदर हमारे तर्कों का व्यूह एक लघु प्रसंग है। तमाम युद्ध, महायुद्ध, तर्क, वितर्क, कुतर्क, विचार-दर्शन अपनी जगह पर, असली जड़ वही सुई की नोक बराबर ज़मीन... बहस करो तो भी, न करो तो भी, वह कुरुक्षेत्र बनेगी।''

बाबा महाभारत में चले गए थे। अपनी ज़मीन पर डटे हुए थे। बहुत ग़लत भी नहीं था। ज़मीन और मिट्टी के ग़लत होने का सवाल भी कहाँ उठता है। सबकी जड़ें वहीं हैं और एक न एक दिन सबको वहीं लौटना है... बाबा का स्वाभाविक झुकाव मिट्टी की ओर था। बाबा की उम्र पर यही स्वाभाविक भी था।

एक अंकुर की तरह मनुष्य जन्मता है तो सारे आकाश में छा जाना चहता है। फिर बूढ़ा होता, धरती की ओर झुकता, उसके गर्भ में पुनः समा जाना चाहता है।

मैं बाबा की झुर्रियों भरे चेहरे को देख रहा था, जैसे वह उनका चेहरा नहीं, बुढ़ापे का सनातन चेहरा हो, कटी हुई फ़सल के बाद एक खेत की तरह धूप में सूखता हुआ।

उनसे विदा लेते समय आँखें अचानक भर आईं; गाँव के खंडहर जैसे घर में बाबा बिल्कुल अकेले रह रहे थे। उन्हें न जाने कौन-सा मोह उस ख़ाली घर में बाँधे हुए था। कई बार कोशिश की हमारे साथ चलकर शहर में रहें। हर बार टाल जाते, "यहाँ रहा हूँ यहीं मरूँगा। मेरी देखभाल के लिए पूरा गाँव तो है।" (जिसका मतलब था, पूरा गाँव उनकी देखभाल में था!) अबकी फिर दबाव डाला कि बाबा मेरे साथ चलें तो बिल्कुल उदास हो गए। चुपचाप मेरी बात सुनते रहे, फिर न जाने क्या सोचकर चलने को तैयार हो गए। अन्यमनस्क-से सामान बाँधते रहे। खूँटी पर टँगा कुरता उठाया तो लगा मानो खूँटी अकेली हो गई। सहसा उनके हाथ रुक गए, जैसे किसी ने हाथ पकड़ लिया हो। आकर पास बैठ गए। फिर कुछ सोचते हुए बोले, "यहाँ, घर में मैं राजा हूँ, वहाँ तुम्हारी प्रजा..."

"कैसी बातें कर रहे हैं बाबा? वहाँ भी आप ही..." पर बीच में ही मेरी बात काटते हुए वो बोले, "नहीं, तुम्हें पराया नहीं मानता, लेकिन एक अशक्त और बूढ़ा आदमी धीरे-धीरे ख़ुद के लिए भी पराया होता जाता है।"

"आप घर के पितामह..."

"तो पितामह की ही तरह मुझे बिल्कुल अकेले अपनी इसी शय्या पर मरने दो। अन्तिम समय ईश्वर से मैं भी अब वही माँगता हूँ, जो भीष्म ने कृष्ण से माँगा था—

अनायासेन मरणं, विना दैन्येन जीवनम्,
देहान्ते तव सान्निध्यं देहि मे परमेश्वर।"

मैंने बाबा के पाँव छुए, मानो धरती के पाँव छुए, शहर लौट आया।

सुबह से बादल घिरे हुए थे। हल्की बूँदाबाँदी से सड़क गीली हो गई थी। जाड़ों की हवा में बारिश की ठिठुरन थी। शायद फिर

एक झोंक वर्षा होने वाली थी। अपने घर के ऊपर वाले कमरे से खिड़की के बाहर देख रहा था। सहसा आँखों पर विश्वास नहीं हुआ—घर के सामने बाबा रिक्शे से उतर रहे थे। जब तक मैं उन तक पहुँचता, वे ड्राइंगरूम में आ गए थे। दरवाज़े के अन्दर जूते उतारे, छाता दरवाज़े से टिकाकर खड़ा कर दिया, टोपी और चादर सोफ़े पर डालते हुए बैठ गए, बस, इतना ही सामान था उनके साथ, पर लगा जैसे मेरा ड्राइंगरूम उसे सह नहीं पा रहा था। मुझे याद आया, गाँव में बाबा का छोटा-सा घर—कितने तरह के सामान थे मेरे साथ, जो उस घर की खुरदुरी सादगी का बाल भी बाँका नहीं कर सके थे।

बाबा अब आ गए हैं तो मेरे ही साथ रहेंगे, उनके रहने का मुनासिब इन्तज़ाम... शायद मेरे मन की बात के उत्तर में ही वे बोले, "ज़्यादा दिन नहीं रहूँगा।" वे मेरे या किसी के भी घर में रहने की बात नहीं कह रहे थे, "सोचा, चलकर एक बार तुम सबको देख आऊँ।" मैंने शर्मिंदगी-सी महसूस की। दूसरे दिन वे चले गए। उन्होंने ठीक ही कहा था, वे ज़्यादा दिन नहीं रहे।

गाँव गया तो देर तक डबडबाई आँखों से देखता रहा उनके उस घर को, जिसे वे ख़ाली कर गए थे। बाबा की बहुत थोड़ी-सी चीज़ें मानो अब भी एक बहस थी मेरी बहुत-सी चीज़ों के ख़िलाफ़। बाहर निकला तो देखा, गाँव के सारे लोग इकट्ठा थे, जिनके सुख-दुख के बीच बाबा पूरी तरह डूबकर जिए थे।

उसका अहाता : कितने चेहरे

वह आदमी शायद अकेला नहीं था, एक पूरा घर था, जिसमें कई तरह के आदमी रहते थे, बल्कि यों समझिए कि वह कई तरह के आदमियों से मिलकर बना था। मज़ा यह कि इतने सबके बावजूद वे एक साथ मिलकर कभी बाहर नहीं आए, एक-एक करके ही बाहर निकलते थे। यह ज़रूर है कि जब उनमें से किसी एक से मेरी बातचीत होती, तो भीतर से कोई दूसरा या दो-तीन एक साथ उससे भी बोलते सुनाई पड़ जाते थे, लेकिन सामना मेरा एक वक़्त में एक से ही होता था। यह अजीब बात थी, बल्कि

कभी-कभी तो मुझे यह शक भी हुआ कि आदमी एक ही है, वही झपटकर अन्दर जाता है, नया भेष बदलता है और एक नए व्यक्ति की तरह फिर सामने आ जाता है। ऐसा भ्रम मुझे उसकी आवाज़ से हुआ था क्योंकि आवाज़ को यद्यपि वह काफ़ी बदलने की कोशिश करता-सा लगता था, लेकिन उसमें एक ऐसी पहचान बरक़रार रहती जिसे पारिवारिक कहा जा सकता था। यह तो मुझे बहुत बाद में मालूम हुआ कि आवाज़ की वह पहचान ही सचमुच पारिवारिक नहीं थी, चेहरे भी कुटुम्ब के सभी सदस्यों के मिलते-जुलते थे और पुश्तों से मिलते आए थे। अगर उसके कुटुम्ब की कोई वंशावली न भी होती तो भी उसमें और उसके पुरखों में इतनी दिलचस्प समानताएँ थीं कि पहचान के मामले में कोई घपला नहीं पड़ सकता था। इसीलिए उसकी बातचीत का सबसे नाहक हिस्सा भी मुझे वही लगता था जिसमें वह बार-बार अपने बाप-दादों का नाम लेकर अपने होने को साबित करने की कोशिश करता।

उसके परदादा अभी भी ज़िन्दा थे, यद्यपि शायद अब उठ बैठ नहीं पाते थे। उन्होंने ही उस आदमी के परिवार में सबसे लम्बी उम्र पाई थी और उस वक़्त भी उस आदमी की अकड़ के पीछे एक नहीं, कम से कम तीन ज़िन्दा पुश्तें बोल रही थीं। जिस बात का बतंगड़ बना वह बात बहुत छोटी-सी थी। उसे अगर अलग से न बताऊँ तो अन्त तक आपको पता ही न चलेगा कि आख़िर वह बात क्या थी, जिस पर यह सारा क़िस्सा शुरु हुआ। कभी-कभी आदमी के भाषिक व्यवहार से मामूली बात एक घटना हो जाया करती है। जिस आदमी की वजह से ये सब मामला ज़ोर पकड़ गया उसके बारे में जानना ज़्यादा ज़रूरी है क्योंकि हो सकता है आख़िर तक आते-आते आप को भी मेरी तरह यह लगने लगे कि ज़्यादातर मुश्किलें आदमी में हुआ करती हैं, उसके बाहर नहीं। स्थितियों और घटनाओं की तो वह स्वयं ही गढ़न्त कर लेता है और उन्हें नाटक की तरह खेलते हुए अपने को किसी न किसी तरह का हीरो साबित करने की कोशिश करता है। मैं यह नहीं कहता कि मैं उस क़िस्से से बिल्कुल बाहर निकलकर उस आदमी से या आपसे बात

कर रहा हूँ। ज़रूर मैं भी किसी न किसी तरह उस सबके चक्कर में फँसता जा रहा था, जिसे आज सोचने पर मैं बिल्कुल बेमानी पाता हूँ, क़िस्से-कहानियों की तरह झूठा-सा, लेकिन उस वक़्त तो ज़रूर सब समझते-बूझते भी मैं एक अजीब बेहूदा और भोंडी परिस्थिति में फँसता चला जा रहा था।

जिस आदमी से मेरा सामना सबसे पहले हुआ, उसमें मुझे कोई ख़ास बात नहीं लगी। वह बिल्कुल मेरी ही तरह एक साधारण आदमी था, और अगर इसी समझ से मेरे उसके बीच बातचीत शुरु हुई होती, तो शायद कोई विशेष कठिनाई भी न उपस्थित होती। लेकिन यह होना नहीं था। हम दोनों की बदक़िस्मती कि उसने शायद मुझे कुछ और तरह देखा और बजाय आदमी के हम दोनों का सामना कुछ इस तरह से शुरु हुआ जैसे एक दूसरे से बेहद डरे हुए दो बदहवास जानवरों के बीच होता है। अगर दोनों भाग खड़े हों, तो मामला असानी से निबट जाता है; वरना, कौन ज़बर है मामला इस पर उतर आता है। मैं उसके बाड़े में जमकर खड़ा था और उसको देखकर भी भाग नहीं रहा था, इसलिए उसका मुझ पर हर तरह से सन्देह करना पुरुषोचित था! वह लगभग भूँका, "कौन है? क्यों आया?" ("हार्क, हू गोज़ देअर?" या "हॉल्ट, फ़्रेन्ड ऑर फ़ो?" के वज़न पर उसकी भौंक मेरी याद की गलियों से होती हुई इतिहास के असंख्य युद्ध-क्षेत्रों में गूँजने लगी।) मैं भी कुछ डरा लेकिन हिम्मत न हारा। दो क़दम आगे बढ़ा। वह एक क़दम पीछे हटा, फिर दो क़दम आगे बढ़ा। अन्दर से कहीं से आवाज़ आई, "और आगे बढ़!" वह और आगे बढ़ा, तन कर। पहले उसका क़द लगभग पाँच फुट पाँच इंच का लगता था। मेरा अनुमान था कि अभी उसमें आधा इंच और ऊँचा खिंच सकने की गुंजाइश थी।

"मैं शरीफ़ आदमी हूँ।"

"लुच्चे भी यही कहते हैं।"

"ऐसा है कि..."

"अहाते के बाहर से बात करो। बिना इजाज़त कैसे घुस आए?"

मैंने सोचा इस आदमी से बात करना बिल्कुल बेकार है। यह आदमी मामूली-सी उस बात को बिल्कुल नहीं समझेगा जिसके लिए मैं वहाँ गया था।

"मकान-मालिक से बात करना चाहता हूँ : वे कहाँ हैं?"

"मैं ही हूँ। बोलिए आपको क्या कहना है?" वह झूठ बोलता लग रहा था। जिसने अभी थोड़ी देर पहले कहा था कि आगे बढ़ो—शायद वह मकान-मालिक था। मैं चुप रहा। उसने मेरी चुप्पी को ग़लत समझा। भयानक होने की कोशिश करते हुए वह बोला, "पहले आप बाहर जाएँ तब बातचीत होगी।"

मैं अहाते के बाहर आ गया। वह आदमी मकान के अन्दर घुस गया। उसी की तरह का दूसरा आदमी बाहर निकला। वह कम्बल नहीं ओढ़े था, एक लबादा-सा पहने था, जिसमें वह चौकन्ना लगता था।

"हाँ, क्या बात है?"

"क्या आप ही मकान-मालिक हैं?"

"आप अपनी बात कहिए। मैं क्या हूँ क्या नहीं हूँ इससे आपको क्या लेना-देना?"

"मैं आप के बारे में कोई जानकारी नहीं चाहता। मकान-मालिक से मिलना चाहता हूँ।"

"समझ लीजिए मैं ही मकान-मालिक हूँ : बोलिए।" मुझे हिचकता देखकर वह अन्दर चला गया। एक दूसरा आदमी बाहर निकला। मुझे शक हुआ कि उसे पहले भी देखा है। यह मेरा भ्रम था। उसकी तरह के किसी आदमी को पहले कभी नहीं देखा था। बोला, "माफ़ कीजिएगा। नए आदमी को देखकर कभी-कभी ग़लतफ़हमी हो जाती है। फ़रमाइए आप क्या चाहते हैं?"

उसने नहीं कहा कि वह मकान-मालिक है : मैंने मान लिया था कि वह ही मकान-मालिक है।

इसके पहले कि मैं कहता कि क्या मैं अन्दर आ सकता हूँ, वह गेट का फाटक खोलकर स्वयं बाहर आ गया था। वह चतुराई से इस स्थिति को ही बचा गया था कि कोई ग़ैर उसके अहाते के अन्दर आता और घर के बारे में किसी तरह का सुराग़ लेता।

"आपके पास एक बात के लिए आया था। अब लगता है दो बातें कहना चाहता हूँ। पहले दूसरी बात कहूँगा।"

वह आदमी एकदम चौकन्ना हो गया। एक परिस्थिति का सामना करने के लिए वह तैयार होकर आया था। एक नई बात का भी सामना करना होगा, इसके लिए दूसरी तरह से उसे तैयार होते साफ़ देखा जा सकता था।

"मैं भी आप ही की तरह एक भला आदमी हूँ। फिर मेरे साथ इस तरह का बेहूदा बर्ताव क्यों?"

"क्या पता कि आप भले आदमी हैं : और उचक्के नहीं? किसी के मुँह पर तो नहीं लिखा रहता कि वह क्या है।"

"आपकी ही बात मान लें, तो मेरे चेहरे पर यह भी तो नहीं लिखा होगा कि मैं चोर-उचक्का हूँ।"

"अनजान आदमी अहाते में धुसे तो उस पर शक ही किया जाएगा।"

"विश्वास क्यों नहीं?"

"अनुभव इसके ख़िलाफ़ पड़ता है। अभी कल ही आपकी ही तरह का एक आदमी अपने को ग़रीब और शरीफ़ बताते हुए पकड़ा गया था।"

घर के पीछे से वहीं कुत्तों के भूँकने की आवाज़ें आ रही थीं। इन सब के साथ-साथ वहाँ कुत्ते भी पले थे। वह शायद मुझे डराने के लिए बोला, "उन्हें दिन में बँधा रखा जाता है, तो रात में छोड़े जाने पर वे ज़्यादा चौकन्ने और भयानक हो जाते हैं।"

आदमी भी। मुझे याद नहीं कि यह मैंने कहा था या सिर्फ़ सोचा था।

"मैं आपके पास आया था, तो यह सोचकर नहीं आया था कि एक भयानक परिस्थिति का सामना करने जा रहा हूँ।"

"क्या सोचकर आए थे?" उसकी आवाज़ में थोड़ी खीज और तुर्शी थी। वह समझ रहा था कि यद्यपि मैंने भयानक परिस्थिति कहा था, पर मैं कुत्ते कहना ज़्यादा पसन्द करता। मैं उसकी बदतमीज़ी के लिए उसे शर्मिंदा करना चाहता था।

"यही कि अपने जैसे एक भले आदमी से मिलने जा रहा हूँ।"

"और अब आपको लग रहा है कि मैं आपके जैसा भला आदमी नहीं हूँ।" उसने लापरवाही से बात पूरी की। मैं प्रतिरोध करता इसके पहले ही बोला, "मुझे जो करना चाहिए वह कर रहा हूँ : आपको जो करने का हौसला हो, कर डालिए..."

मुझे पहली बार लगा कि उस आदमी की आक्रामकता केवल आक्रामक ही नहीं बुरी तरह संक्रामक भी है।

"देखिए जनाब, मैं आपसे सीधी तरह बात करना चाहता हूँ, तो आप आपे से बाहर ही हुए चले जा रहे हैं। घर आप ही के पास नहीं, दूसरों के पास भी हुआ करता है, लेकिन उसको लेकर इतना भी क्या होना, यह मतलब तो नहीं कि हम अपने-अपने घरों को लेकर दूसरों के प्रति वहशी हो जाएँ..."

वह मेरी बात बिना पूरी सुने तेज़ी से अन्दर चला गया। उसकी जगह एक दूसरा आदमी निकला। आते ही उसने मेरा गला पकड़ लिया और इन्तज़ार करने लगा कि मैं भी कुछ करूँ। मैंने कुछ नहीं किया, केवल उस परिस्थिति के प्रति इतना सहज बना रहा, मानो उसका नतीजा ख़तरनाक न होकर बहुत दिलचस्प होगा। मेरे चेहरे पर भय की जगह मुस्कराहट देखकर वह आदमी थोड़ा झिझका। मैंने फ़ौरन मुस्कराना बन्द करके उसकी आँखों में आँखें डालकर सख़्ती से देखा। उसके पास जाने से मैंने यह भी अनुमान लगाया कि वह क़द में मुझसे छोटा था। यह मेरे आत्मविश्वास को बढ़ाता था : उसी अनुपात में शायद उस आदमी के आत्मविश्वास को मैंने कुछ घटते हुए पाया। उसकी आँखों से आँखें हटा कर, बिना अपनी जगह से हिले-डुले, मैंने अपनी आँखों ही से उसके हाथ की लम्बाई को उसके कंधों से चलकर अपनी गर्दन के पास तक नापा कि अब तुम मेरे अहाते में न केवल अनधिकार घुस आए हो बल्कि ज़ोर ज़बरदस्ती के लिए घुसे हो। इसमें मैंने लगभग 30 सेकेंड लिए। उसका हाथ थोड़ा ढीला पड़ा तथा उसकी लम्बाई कुछ और घटी, फिर उसने मेरी गर्दन छोड़ दी। मैं वहीं खड़ा रहा। वह चार-पाँच क़दम पीछे हटा। मेरा अनुमान सही था कि वह मुझ पर झपटने जा रहा है। मैंने उससे एक बिल्कुल अप्रत्याशित सवाल कर डाला, "पहले यह बताइए कि आप अकेले ही हैं या आप पाँच-सात लोग हैं..."

''जो कुछ भी हूँ और जितना कुछ भी हूँ आपके लिए काफ़ी हूँ...''

वह मेरे अनुमान के मुताबिक़ मुझ पर झपटा : मैं उसके अनुमान के विपरीत ठीक समय पर फुर्ती से अपने स्थान से इस तरह हट गया कि वह एक घातक वार की तरह मुझ पर नहीं, मेरे ठीक पीछे अपने ही अहाते के कांटेदार तारों पर गिरा। उसकी आवाज़ बिल्कुल बदल गई और उसने पहली बार एक अत्यंत मानवीय दर्दनाक आह निकाली। मैंने पूरी सहानुभूति से उसे कँटीले तारों से मुक्त किया। वह जो कुछ शरीर से नहीं व्यक्त कर पाया था, उसे भाषा से व्यक्त कर डालने की ज़बरदस्ती कर रहा था, लेकिन भाषा उसका बिल्कुल साथ नहीं दे रही थी। उसने पहली बार शायद मुझे एक हमदर्द के रूप में पहचाना था। कुछ क्षण वह मेरी ओर कृतज्ञ निगाहों से देखता रहा। फिर बिना कुछ कहे अन्दर चला गया। मैंने अनुभव किया कि यद्यपि ज़्यादा ख़ून नहीं बहा होगा, लेकिन सारे दृश्य से यकायक एक तनाव समाप्त हो गया था। उसकी जगह अन्दर से अबकी जो आदमी निकला, वह मेरी ज़रूरत से कुछ ज़्यादा ही विनम्र लगा।

''माफ़ कीजिएगा, आपको समझने में ग़लती हुई।''

''मैं तो पहले ही से यह कह रहा था।''

''आइए, अन्दर आइए।''

मैंने इनकार किया। अब इतने सबके बाद; नहीं। मन में, सच कहूँ, तो मेरे भी एक डर समा गया था। ये सब पता नहीं अन्दर क्या गुल खिलाएँ।

वह आदमी अब हर तरह से अपने को मुझसे बढ़कर शरीफ़ और ख़ानदानी शरीफ़ साबित करने पर तुल गया था। पता नहीं शराफ़त और ख़ानदान को लेकर उसके दिमाग़ में किस तरह का फ़ितूर भरा हुआ था। मसलन मेरे यह बिल्कुल समझ में नहीं आ रहा था कि उसकी ख़ानदानी शराफ़त का इस सूचना से क्या ताल्लुक़ था कि उसके बाबा सात रंडियाँ रख चुके हैं और आज भी दो-चार रखने का बूता रखते हैं! फिर भी मैंने भरसक प्रभावित होते हुए (क्योंकि इस तरह की बातों से न प्रभावित होने में भी

क्या रखा है) बात शुरु करना चाहा, "आपके..." लेकिन वह आगे कुछ कहने से मुझे रोककर अन्दर गया और अकारण दोनों हाथों में ताज़ा नोटों की दो मोटी-मोटी गड्डियाँ लेकर लौटा। मुझे एक उड़ता-सा सन्देह हुआ कि शायद यह कोई दूसरा आदमी है, वह नहीं जो अभी-अभी मुझसे बात कर रहा था।

"हमें ज़मीन या कुछ भी नहीं बेचना है, हम कोई दीवालिए नहीं हैं (नोटों की गड्डी दिखाते हुए) जो बाप दादों का घर जायदाद बेचते फिरें..."

****

मैं यदि निश्चयपूर्वक यह कह सकता कि मैंने उस आदमी को या उसकी तरह के किसी आदमी को पहले कभी नहीं देखा, तो उस आदमी को लेकर मैं एक ख़ास तरह की ज़िम्मेदारी से छुटकारा पा सकता था। उस वक़्त वह आदमी डूब रहा था और डूबते वक़्त हर आदमी की सूरत एक-सी होती है, वह सिर्फ़ एक डूबता हुआ आदमी होता है और डूबते हुए की पहचान को लेकर कोई धोखा नहीं हो सकता। मैंने उसके हाथ को अपने हाथ में लेकर उसे अपनी ओर खींचने की कोशिश की। मुश्किल से मैं उसे बाहर खींच पाया था। उसे तट की बालू पर लिटाते हुए मैंने देखा कि बचाते-बचाते भी वह कई डुबकियाँ खा गया था और काफ़ी पानी पी गया था। डुबकियाँ खाना और पानी पीना सोचकर मुझे मन ही मन हँसी आई—शर्म भी कि यह वक़्त हँसी का नहीं, किसी की मुसीबत के मामले में गम्भीर होने का है।

वह शायद बेहोश हो गया था। उसके मुँह से पानी निकल रहा था। मैंने सोचा उसे बचाने के लिए उस नुस्ख़े को आज़माया जाए जो कभी मुझे दर्जा छः में बताया गया था—क्योंकि इसके अलावा मेरे सामने और कोई विकल्प नहीं था। आसपास बिल्कुल सन्नाटा था, सुबह पाँच बजे नदी के किनारे घूमने निकला था। उस वक़्त वहाँ कोई डूबता हुआ मिल जाएगा इसकी तो कल्पना भी नहीं की थी। मैंने उस आदमी को तुरन्त पेट के बल लिटा

दिया और स्वयं घुटनों के बल बैठकर हाथों से उसकी पीठ पर रुक-रुककर दबाव डालना शुरू किया : वह हर बार पानी उगलता रहा। थोड़ी देर में पानी निकलना बन्द हो गया और विधिवत् साँस चलनी शुरु हो गई। उस आदमी ने एक गहरी साँस ली और आँखें खोल दीं। मैंने भी आश्वस्त होते हुए एक गहरी साँस ली और आँखें बन्द कर लीं। फिर देखा उसकी आँखें फिर बन्द थीं, वह सम्भवतः थोड़ा आराम करना चाहता था। मैं वहीं पास बैठा रहा। अब तक अँधेरा छंट गया था और वहाँ इतनी रोशनी हो गई थी कि उसका चेहरा आसानी से पहचाना जा सकता था। लगा उसे पहले कभी देखा है। अब वह आदमी एक घातक परेशानी से मुक्त हो गया था। उसका चेहरा धीरे-धीरे सपाट से जटिल होने लगा था। क्या यह वही आदमी तो नहीं जिसने एक बार मुझ पर अकारण हमला किय। था? इसके पहले कि मैं निश्चय कर पाता कि वह कौन है मैंने उस जगह से चल देना ही बेहतर समझा। वह अब ख़तरे से बाहर हो गया था—और मेरा वहाँ रुके रहना ज़रूरी नहीं था। किसी से भी परिचित होना एक नई तरह की ज़िम्मेदारी है। फ़िलहाल मुझे उस आदमी में कोई ख़ास दिलचस्पी भी नहीं थी : अगर वह, जैसा कि मेरा अनुमान था, वही आदमी है जिससे कभी एक अप्रिय मुठभेड़ हो चुकी हो। मैं उस प्रसंग को बिल्कुल बचा जाना चाहता था कि वह आदमी मुझे फिर पहचाने और इस पहचान को एक नया माने देने के लिए बाध्य हो। कभी अकारण ही जिसके सन्देह का पात्र बना, अब उसकी कृतज्ञता का पात्र नहीं बनना चाहता था। यह कहीं दोबारा मेरी ख़ुद की पहचान को अपमानित करता था कि एक आदमी मुझे तभी पहचाने जब उसका कोई स्वार्थ सधता हो, अन्यथा मुझे ख़तरनाक समझे।

मैं मुश्किल से दो क़दम ही गया होऊँगा कि उस आदमी ने मुझे कमज़ोर आवाज़ से पुकारा, "रुकिए..." मैंने घूमकर देखा वह एक हाथ उठाकर रुकने का इशारा कर रहा था। एक बार इच्छा हुई कि सुना-अनसुना कर के चला जाऊँ—पर उसके बुलाने में एक प्रार्थना थी जिसकी अवहेलना करना मुश्किल था।

“तबियत ठीक तो है न?” मैंने पूछा।

“हाँ,” उसने धीरे से कहा और उठकर बैठना चाहा। मैंने सहारा देकर उसे बैठा दिया। शायद वह चाहता था कि मैं उसे उसके घर तक पहुँचा दूँ।

“चलिए मैं आपको वहाँ तक पहुँचाए देता हूँ—या अगर आपको चलने में दिक़्क़त हो तो घर पर ख़बर कर दूँ।” वह कुछ नहीं बोला। मुझे ध्यान से देख रहा था। मैंने कहा, “अच्छा आप थोड़ी देर यहीं ठहरिए—मेरी गाड़ी पास ही सड़क पर खड़ी है—उसे ले आता हूँ और आपको पहुँचा दूँगा। आप बिल्कुल चिन्ता न करें।”

मैंने उसे उसके घर के दरवाज़े पर छोड़कर लौटना चाहा। उसने कातर होकर मेरा हाथ पकड़ लिया और उसकी आँखें डबडबा आईं। “नहीं, ऐसे नहीं जाने दूँगा। आपने मेरे प्राण बचाए हैं...” आगे उसका गला रुंध गया। मैंने अनुभव किया कि मैं अब एक नई तरह फँस गया था। मैंने उसके प्राण बचाए थे। उसने एक नया नाता मुझसे जोड़ लिया था, जिसमें मेरा चाहना या न चाहना कोई ख़ास माने नहीं रखता था। वह एक मुश्किल से छूट गया था, मैं एक मुश्किल में फँसता जा रहा था जिसके लिए मैं क़तई तैयार न था। मुझे लगा इस आदमी ने अपने को ज़बरदस्ती मेरे साथ बाँध लिया है और मेरी ज़िन्दगी का एक काफ़ी बड़ा हिस्सा उससे छूटने की परेशानी बन जा सकता है। उसके झगड़ालू और क्षुद्र रूप से छुटकारा पाना आसान था : उसका यह कोमल और भक्त रूप, इससे छूटना तो ईश्वर के लिए भी मुश्किल रहा है!

मुझसे वहीं रुके रहने का वादा लेकर वह घर के अन्दर चला गया। मेरी आँखों के सामने अँधेरा-सा छा रहा था। फिर वह, या कोई, घर के अन्दर से निकला। कृतज्ञता, एहसान, धन्यवाद... अन्दर-बाहर अन्दर-बाहर का ताँता लग गया। पता नहीं उस घर में वे कौन और कितने थे। पता नहीं उतने ही थे जितने पहली बार, या अबकी और भी ज़्यादा थे। मैं आजिज़ था—अच्छी जान बचाई! किसी तरह वहाँ वह सिलसिला समाप्त हुआ, तो मेरे घर पर शुरु हुआ। रोज़ कोई न कोई हालचाल पूछने ही चला आता। मेरी किसी

भी ज़रूरत के लिए अपना सब कुछ बलिदान करने का मौक़ा ढूँढ़ता। आख़िर एक दिन परेशान होकर मैंने कह ही डाला, "भाई साहब, बहुत हो गया अब। काफ़ी है इतना कृतज्ञता-प्रदर्शन। अब तो मेरी जान छोड़िए।"

मैं समझा था, वह नाराज़ होकर हमेशा के लिए वहाँ से चला जाएगा। लेकिन वह बोला, "हम तो हर तरह से आपके एहसानमन्द हैं। अपनी जान जोख़िम में डालकर आपने हमारी जान बचाई और हम किसी तरह आपके एहसान का बदला नहीं दे पा रहे हैं... हम किसी भी तरह आपको तक़लीफ़ देना नहीं चाहते। आप की इच्छा है, तो हम हमेशा के लिए यहाँ से चले जाएँगे—लेकिन एक बात आपको बतानी ही पड़ेगी..."

मेरे कान खड़े हो गए।

"आपने अब तक नहीं बताया कि आप उस दिन हमारे यहाँ किस काम से आए थे?"

लाहौलविला... जैसे यह भी मेरी ही ग़लती रही हो! मैं तय नहीं कर पा रहा था कि यह आदमी अब मुझे आसानी से छोड़ेगा या नहीं। इसकी दुश्मनी का सामना करना फिर भी आसान था—लेकिन यह दोस्ती? वह एक ऐसा जीव था जो बिना बदला लिए—या फिर दिए—छोड़नेवाला नहीं था। बदला—मुझे यह शब्द चमत्कारपूर्ण लगा। उसकी सारी भाषा में यह शब्द अलग चमक रहा था! मुझे लगा इसी शब्द में उसका प्राण और मेरा त्राण है। वह शब्द धीरे-धीरे महिमामंडित हो चला था। मैं उसके सामने झुक गया। वह एक शब्द था, वह शब्द एक आदमी था, वह आदमी मेरे सामने था—जो आदमी मेरे सामने था वह पूरी तरह मुझ पर प्रसन्न था। मेरा मन हुआ कि उससे वरदान माँगूँ कि वह अब हमेशा के लिए मुझे अपनी कृतज्ञता के बन्धन से मुक्त कर दे... सहसा मैंने एक चालाकी की : कहा, "मैं उस दिन आपसे बदला लेने गया था!"

वह आदमी मानो आसमान से गिरा। मुझे ग़ौर से देखने लगा जैसे मैं एक बिल्कुल नया आदमी हूँ जो पहली बार सन्देहास्पद परिस्थिति में उसके बाड़े में घुस आया था। मुझे आशा की

एक किरण दिखाई दी। कृतज्ञता के लिजलिजेपन को छोड़कर उसकी रीढ़ सीधी तो हुई। उसे शायद अपने कानों पर विश्वास नहीं हो रहा था। उसका सारा शरीर मुझसे पूछ रहा था, "कैसा बदला? आप हैं कौन?"

कितना आश्वस्त करती थी उसकी यह मुद्रा, जिसने एक बार फिर मुझे मेरे अजनबीपन की हैसियत लौटा-सी दी थी—अपने कब्ज़े से निकाल कर। उस पल में मैं बिल्कुल मुक्त था उसकी दोस्ती के आतंक से। मैं नहीं जानता था कि कितनी देर यह स्थिति बनी रहेगी—कितनी देर मैं इस सुखद झूठ को निभा सकूँगा कि मैं उससे किसी बात का बदला लेने गया था। यह भय भी था कि मेरा झूठ खुलते ही उसकी दोस्ती फिर कितनी निर्दयता से मेरा गला दबोच लेगी। मैं बेहद नर्वस हो गया था कि आगे क्या कहूँ। उसने भी मुझे नर्वस देखा लेकिन मेरे नर्वस होने के, सौभाग्यवश, बिल्कुल ग़लत माने लगाए—जो कि स्वाभाविक भी था। सच बोलने को लेकर नर्वस हो रहा हूँ या झूठ बोलने को लेकर इसकी जड़ तक पहुँच सकने की क्षमता उसमें कहाँ थी।

"बदला? कैसा बदला?" उसने एकदम अचकचाकर पूछा।

मैंने सोचने के लिए, झूठ गढ़ने के लिए, थोड़ा समय और चाहा। मैंने बात बदलते हुए कहा, "मुझे कुछ पता लगाना था।"

"तो हमारा सन्देह सही था?"

"बिल्कुल सही था।" मैंने पक्के तौर पर कहा। वह गहरी चिन्ता में डूब गया।

"देखिए," मैंने उसे समझाते हुए कहा, "आदमी वह कभी भी नहीं होता जो वह ऊपर से दिखाई देता है।" आदमी कभी भी अकेला एक आदमी नहीं होता—तमाम लोगों और परिस्थितियों से जुड़ा होता है, न चाहते हुए भी ज़बरदस्ती जोड़ दिया जाता है। दरअसल, उसकी कई तहें होती हैं और सबसे ऊपर वाली तह पर तो सबसे कम लिखा होता है कि वह कौन है, क्या है। ज़्यादा से ज़्यादा बस उसका नाम और पता। असली आदमी तो उसके बाद शुरू होता है... हम उसे खोलकर पढ़ भी जाएँ तो भी दिक़्क़त

महसूस हो सकती है कि आख़िर उस सबके ज़्यादा गहरे और सही मतलब क्या हैं जिसे हमने पढ़ा।''

''तो क्या मैं यह मान लूँ कि आप ग़लत आदमी हैं?''

''सबके लिए नहीं, हमेशा के लिए भी नहीं। उस वक़्त आपके लिए ग़लत आदमी हो सकता था—बहुत ग़लत, लगभग घातक...'' मैंने उसकी गहरी बेचैनी को महसूस किया। वह अब मुझे नहीं मेरे चारों ओर के माहौल का गहरा निरीक्षण कर रहा था। वह उसे शायद पहली बार सन्देहास्पद लगा।

''आख़िर आप हैं कौन?'' उसने लगभग घबराकर पूछा। उसे शायद पहली बार चिन्ता हुई थी कि वह दूसरे आदमी को कम से कम एक तह तो और खोलकर पढ़े! लेकिन अब मुझे पूरी तरह रोशनी दिखाई देने लगी थी—कि वह आदमी मेरे बारे में बिल्कुल ही अँधेरे में रहे। और मैं एक कुशल डॉक्टर की तरह उसके व्यक्तित्व की एक-एक तह को आहिस्ता से खोलूँ।

''देखिए जनाब, उस वक़्त मैं जिस लिए भी गया होऊँ, लेकिन इस समय जो कह रहा हूँ वह आपके हित में होगा। अधिक कुछ नहीं कह सकता हूँ।''

उसके कान एकदम खड़े हो गए। मैं कहता रहा, ''हर आदमी कुछ न कुछ ग़लत-सही काम करता रहता है। मैं नहीं कहूँगा कि आप कोई ग़लत काम कर ही रहे हैं... तस्करी, काला बाज़ारी, होर्डिंग, टैक्स की चोरी, तमाम चीज़ें हैं, जिसमें आदमी फँस जाता है...'' मैंने कुछ रुककर—मानो टटोलते हुए कहा—''हत्या तक...''

उसके माथे पर पसीना आ गया। मेरा अनुमान ठीक था। मुझे भी वह अपने दुश्मनों में से एक समझ रहा था।

''देखिए, मैंने आपकी जान बचाई है तो अब आपका अनिष्ट नहीं करूँगा। मैं समझता हूँ आपका यहाँ मेरे पास बहुत ज़्यादा दिखाई देना ठीक नहीं...''

वह एकदम उछलकर खड़ा हो गया। ''नहीं, नहीं, मैं आपकी बात बिल्कुल समझ गया। कैसे आपके उपकारों का बदला चुकाऊँ समझ नहीं पा रहा...'' मुझे अपनी कृतज्ञता से मुक्त करके—यह कहने की ज़रूरत नहीं पड़ी।

मैंने बदले में धन्यवाद दिया। हड़बड़ी में वह यह भी भूल गया था कि 'बदला' शब्द जिसे लेकर मैं उसके अहाते में अन्दर घुसा था बिल्कुल ही मन-गढ़न्त और अप्रासंगिक था। वह ज़रा भी कोशिश और छानबीन करता तो झूठ तुरन्त पकड़ा जाता और उसकी जगह मैं बग़लें झाँकता होता।

कुएँ की चुप्पी

ऐसी बहुत-सी घटनाएँ और पात्र हैं जिन्हें कहानियों में होना चाहिए, पर वे कहानियों से बाहर हैं। उनका अपना एक ख़ास चरित्र है जो कहानियों को अस्वीकार करता है। मसलन, उनका भूगोल किसी भी इतिहास से नहीं बदलता, फिर भी अपने आप में उन सब को सम्प्रेषित करता है जिनसे एक कहानी बनती है। ये घटनाएँ शुद्ध पुरातत्त्व हैं, और बिल्कुल आज की भी। रेगिस्तानी आँधी या समुद्री आँधी में फँसे एक आदमी की कहानी इन घटनाओं से बिल्कुल अलग होगी।

एक परेशान सतायी हुई स्त्री के कुएँ में, या नदी में, कूदकर जान देने की कहानी हो, या सीता के पृथ्वी में समा जाने की कहानी—एक कुएँ की इससे बिल्कुल फ़र्क़ तरह की आत्मकथा या व्यथा-कथा हो सकती है। सुना है, या शायद कहीं पढ़ा है, या शायद देखा है—इससे कोई फ़र्क़ नहीं पड़ता। मान लीजिए ब्राज़ील के घने जंगलों में कहीं एक प्राचीन कुआँ है। सदियों पुराना। उसमें प्रतिवर्ष, या विशेष धार्मिक मौक़ों पर, कुमारियों की बलि दी जाती थी। वर्षा के आह्वान के लिए, या अतिवृष्टि की रोकथाम के लिए। कुमारियों की बलि का तरीक़ा ख़ासा दिल दहला देने वाला था। मान लीजिए कुआँ अब भी मौजूद है। उसकी बनावट दैत्याकार है। काई से ढँके नीले पानी की सतह जगत से बीस फुट से अधिक नीचे है, और उसका तल लगभग उतना ही गहरा है। कुएँ की भीतरी दीवार चिकनी और बिल्कुल सीधी। डगर पर एक पत्थर टिकाकर इस तरह रखा हुआ कि वह कुएँ के लगभग बीच में झाँकता हुआ-सा। मान लीजिए यह दृश्य अभी भी मौजूद है।

हम देखते हैं कि एक सुन्दर कन्या को दूल्हन की तरह सजाकर लाया जा रहा है। धूमधाम से गाजे-बाजे के साथ। लड़की रो रही है, जैसे लड़कियाँ रोती हैं शादी के समय। लड़की की शादी होती है कुएँ के साथ। वह रोती हुई पत्थर की पट्टी पर चलती है, और फिर कुआँ उसे अपने घर ले जाता है, विदा करा के... कुछ ऐसी ही रही होंगी कहानियाँ, उस बूढ़े, बहुविवाहित कुएँ की। वह कुआँ अब भी है। उसमें काई से ढँका नीला सड़ता जल अब भी भरा है। लेकिन अब उस कुएँ की कहानी की मृत्यु हो चुकी है। कुएँ का भूगोल इतिहास हो चुका है जो अनुसन्धान का विषय है। कई गोताख़ोरों ने कुएँ में डुबकी लगाकर तमाम कन्याओं की ठठरियाँ निकाली हैं। किसकी हैं वे ठठरियाँ पता नहीं।

लेकिन हर ठठरी की अलग एक कहानी है। ठठरी वास्तविक है, कहानी काल्पनिक हो सकती है। एक ठठरी गाँव की एक बालिका की थी। उसका एक प्रेमी था। वे छिपकर मिलते थे, उसी कुएँ के किनारे। एक दिन किसी ने उन्हें मिलते देख लिया। सारे गाँव को पता चल गया। प्रेमी की हत्या कर दी गई और लड़की ने

भी दूसरे दिन कुएँ के पत्थर पर चलकर अपनी जान दे दी। कहते हैं कुआँ भी उन कन्याओं को गले लगाकर आँसू बहाता था। तब कुएँ का पानी थोड़ा बढ़ जाता था।

इस तरह की त्रासद घटनाओं के तमाम संस्करण रहे होंगे। कुआँ चुप है, दुनिया भर के कुओं की तरह। ऐसी ही पहाड़ों, समुद्रों, रेगिस्तानों, मैदानों की कहानियाँ हैं—आज की और हज़ारों साल पुरानी। ऐसा भी हो सकता है कि एक दिन उनकी कहानियाँ समाप्त हो जायँ—सिर्फ़ दहलाती एक भयानक चुप्पी बचे, उस पुराने कुएँ में डूबी मासूम ठठरियों की तरह।

एक ट्रैजिडी

(1)

जैसे ज़िन्दगी हो और यह एहसास भी कि ज़िन्दा हूँ, लेकिन बाहर ऐसी कोई चीज़ न हो जिसके सहारे यक़ीन से ज़िन्दा रहा जा सके। हर चीज़ ख़ुद में इतनी सोई हुई—व्यस्त। मैं धीरे से किसी को अपने लिए जगा लेना चाहता हूँ, लेकिन वह सचमुच सोई नहीं, केवल मैं ज़रूरत से ज़्यादा जाग गया हूँ और मेरी थकी आँखें समुद्र की तह से सितारों को देख रही हैं।

मुझे लगता है कि ख़ुशी जैसी भी कोई चीज़ है, लेकिन चारों ओर इतनी गड़बड़ी हो तो कैसे ख़ुशी हो। मेरा किसी ने उससे ठीक से परिचय भी नहीं कराया। मैं संकोची हूँ। यहाँ तक कि यदि ख़ुशी मेरे सामने कुर्सी पर बैठी हो और अगर उसे पहचान भी सकूँ तो उससे बोल न सकूँगा अपनी ओर से।

मेरी दुनिया, जैसे कोई नाज़ुक चीज़ गिरकर टूट जाय, मरे नहीं : किसी का हँसना-बोलना केवल औपचारिक हो, आत्मीय नहीं।

मुझे अक्सर किसी का भी मेरे पास होना अच्छा लगता है। या किसी दूर अकेली जगह पर देर तक किसी का इन्तज़ार करना जहाँ कोई नहीं आता : फिर ख़ाली मन से लौट पड़ना इस तरह जैसे आज पहली बार ऐसा हुआ हो कि कोई पक्का वादा करके भी न आया हो!

अगर ट्रेन चल रही है और मैं अन्दर बैठा हूँ, तो चल रहा हूँ। मेरा अन्दर चलना न चलना कोई माने नहीं रखता क्योंकि अन्त में मैं वहीं पहुँचूँगा जहाँ ट्रेन ले जा रही है। बाहर गति नहीं : और बाहर गति है : और बाहर के बाहर गति नहीं। मैं अन्दर हूँ, गति हूँ : मैं हूँ। क्यों? यह सवाल कोई माने नहीं रखता, क्योंकि यह हर जवाब के बाद आता है—पहले नहीं : और दुनिया पहले बनी—बाद में नहीं।

नहीं खो सका : इतनी भीड़ में भी, क्योंकि अकेला हूँ। काश, बच्चा होता, और कोई खिलौना या गुब्बारा देकर मुझे फुसला सकता। इस मेले में कोई मेरा ज़िम्मेदार न होता। कहते हैं एक ख़ास तरह का जादूगर होता है जिसे लकड़सुंघा कहते है। बच्चों को लकड़ी सुँघाकर अपनी थैली में रख ले जाता है—बलि देने के लिए। बड़ी-बड़ी नदियों पर पुल नहीं बन सकते जब तक उनकी नींव में पाप-रहित निरीह रक्त न चढ़ाया जाय। नहीं, नहीं, मुझे बालक होने में डर लगता है—मुझे मेले से डर लगता है—मुझे भीड़ से डर लगता है—बड़े-बड़े कारख़ानों से डर लगता है। मैं बेहद डर गया हूँ। मुझे हाथ चाहिए जिनमें ममता हो, शक्ति हो और जो मेरे लिए ज़िम्मेदार हों। मुझे उस चक्करदार घोड़े पर बिठा दो जो चलता है पर जाता कहीं नहीं : उस हवाई जहाज़ पर

जो उड़ता है, उड़ जाता नहीं : जिन पर मैं बिना विदा हुए बैठकर सैर कर सकूँ, और हर चक्कर में दो प्यारी आँखों को इन्तज़ार करते देख सकूँ।

नदी के ठंढे जल में पाँव लटकाकर बैठे-बैठे शाम हो गई। सिर्फ़ इतना ही हुआ कि माल-असबाब से लदीफँदी एक नाव सामने से गुज़र गई—उसे देखा : आसपास झिलमिलाते फूलों की उम्र घटी या बढ़ी—नहीं देखा। सूरज डूब गया : बड़ी देर से इसी तैयारी में था। अन्तिम फूल किसी ने पानी पर बहा दिए हैं : वे बह जाएँगे। मैं घर लौट रहा हूँ। बाहर सन्ध्या का समय...। मुझे झकझोरती हुई हवाएँ।

(2)

शाम : क्यों इतना उदास कर रही है। पॉल वर्लैं, हसीन रैम्बो के लिए पागल—शराब के लिए पागल—अफ़ीम के लिए पागल। ज़िन्दगी के नाम पर यह कैसा लगाव?

"हाँ, मेरे ख़्याल से तुम सुन्दर हो। फूलों में बसने वाले साँप क्या ज़हरीले होते हैं?"

"पता नहीं। सुन्दर होते हैं : सब साँप ज़हरीले नहीं होते।"

"उन्हें काँटे गड़ते हैं या नहीं? फूलों के न रहने पर वे कहाँ चले जाते हैं?"

"पता नहीं : तुम बहुत सवाल पूछते हो।"

"क्या सोच रहे हो?"

"सोच रहा हूँ तुम्हें किस तरह अपनाना ठीक होगा। शादी करके खुल्लमखुल्ला बेशर्मी से : या लुकेछिपे कभी-कभी मोटर की पीछेवाली सीट पर लोकलाज का ख़्याल रखते हुए।"

"लोकलाज का ख़्याल रखते हुए शादी करके।"

मैं नासमझ हूँ। हर बात ठीक नहीं समझ पाता। जो समझ पाता हूँ उसे ठीक समझा नहीं पाता।

आसमान शर्म से लाल है क्योंकि हमने प्यार नहीं किया। लेकिन आसमान की शर्म और हमारी ज़िन्दगी हमारी लोकलाज से छोटी है। हमने प्यार नहीं किया। हमने सिर्फ़ लोकलाज को प्यार किया। ''फिर आऊँगी'', कहकर वह चली गई।

''लड़ाई का खेल भी कोई खेल है, हम उन सबसे नहीं बोलेंगे जो लड़ते हैं। हम तुम मेल का खेल खेलेंगे—उनसे अलग। लाओ तुम्हारे जूड़े में कचनार के ये फूल लगा दूँ।''

''नहीं, मुझे पैन्ज़ी पसन्द है।''

''बैरा, दो के लिए एक टेबल, दो कॉफ़ी।''

''मुझे कॉफ़ी पसन्द है।''

वह बैठी रही—मैं क्या करता? ऐसा भी क्या होना कि कहीं का न होना और कुछ न करना।

बड़ी देर बाद समझ में आया कि थोड़ी देर में मुझे जाना है। वो क्या करें अगर ज़िन्दगी ही छोटी हो।

कूछा में हुएन-त्सांग

एक बार होर्हे लुईस़ बोर्हेस की कहानियों की भूलभुलैया में घूमते हुए मैं अचानक हुएन-त्सांग की दुनिया में जा पहुँचा। बहुत पहले की पढ़ी हुई पुस्तक 'दि लाइफ़ ऑफ हुएन-त्सांग' (शमन ह्वुई ली) में दी हुई अन्तर्कथा याद आने लगी।

वह जो हमारी स्मृति में है, जीवित है हमारे वर्तमान में भी, हमारी चेतना से अनुप्राणित और सचेत किया हुआ। वह जाग रहा है हमारी कल्पना से जगाया और गतिमान किया हुआ। विगत, एक फ़िल्म की तरह, आगत किया हुआ। विस्मृत भी, यानी भूला

हुआ भी, समय के अखंड में है कहीं मौजूद। प्रत्येक क्षण सुरक्षित, अविनष्ट, ज्यों-का-त्यों। उसे भी जगाया जा सकता है, उसके किसी भी कालखंड को आज और अभी, यानी त्रिकाल को तत्काल से जोड़कर सक्रिय जिया जा सकता है—पुनः पुनः, विभिन्न समयों में, विभिन्न स्थानों में। उनकी बुनियादी ऊर्जा एक है; उनके आयाम और रूपाकार कई हैं।

मैं एक प्राचीन छायाचित्र को ध्यान से देख रहा हूँ। मैं इस 'ध्यान' से देखने को भी ध्यान से देख रहा हूँ। दोनों के बीच एक सामासिक ऊर्जा काम करती है। वे स्थूल में सिमट भी सकते हैं, एक अणु की तरह उनका विस्फोट भी हो सकता है अनन्त ऊर्जा में। यह विस्फोट विनाशक भी हो सकता है और सृजनात्मक भी।

अचानक मैंने अनुभव किया कि चित्र उस फ़्रेम से निकलकर बाहर आ गया है जिसमें वह जड़ा हुआ था। फ़्रेम की सीमा से बाहर निकलते ही वह नई तरह विस्तृत हो गया था मध्य एशिया के किसी मध्यकालीन समय में, और मेरा समय-बोध भी विस्तृत होकर उस समय में जा मिला था जब का वह चित्र था। ऐसा लगा कि उस चित्र में चेतना का संचार हो रहा है। उस समय को पुनः जिया जा सकता है, बिल्कुल अपनी तरह। ताश के पत्तों की तरह इतिहास के कुछ बुनियादी तथ्य नहीं बदलते, सिर्फ़ बीच के खेल बदलते हैं।

एक यात्री का चित्र था, एक चीनी बौद्ध भिक्खु, खच्चर अथवा याक जैसे किसी की पीठ पर बैठा था। भिक्खु ने अपना नाम और पता बताया, ''हुएन-त्सांग, काऊचांग का रहने वाला हूँ, कूछा जा रहा हूँ एक गोष्ठी में हिस्सा लेने। कभी मेरे जन्मस्थान से जाकर कुछ भिक्खु उस बौद्ध तीर्थ में बस गए थे—उनके निमंत्रण और अनुरोध पर जा रहा हूँ। आचार्य धर्मगुप्त वहाँ के बौद्ध संघाराम के प्रमुख संचालक हैं। उनका स्नेहवश आग्रह है कि अवश्य आऊँ...''

विरल संयोग! साक्षात् हुएन-त्सांग—इतिहास-प्रसिद्ध बौद्ध विद्वान। मैं इक्कीसवीं सदी का एक प्राणी सातवीं सदी के हर्षकालीन

युग में। रोमांचकारी अनुभूति! मैंने उन्हें प्रणाम करके पूछा—"क्या मैं भी चल सकता हूँ आपके साथ?" उनकी मौन स्वीकृति। मैंने देखा उनके साथ उनके शिष्यों की एक भीड़ भी थी, जो चित्र में दिखायी नहीं दी थी। हुएन-त्सांग के इशारे पर मैं भी उसी भीड़ में शामिल हो गया।

विचित्र अनुभव था। मुझमें अपनी बीसवीं-इक्कीसवीं सदी की कोई स्मृति शेष नहीं थी। मैं सातवीं सदी में वर्तमान था। उससे पहले की सदियाँ याद थीं, बाद की सदियाँ घटाटोप अँधेरे में अज्ञात थीं—मानों वे हों ही नहीं। जिसे मैं अँधेरा भविष्य समझ रहा था, शायद वह भी घटित हो चुका है—यह लड़खड़ा देने वाला ख़्याल था... सब कुछ हो चुका है जिसमें सब कुछ, हर समय, उसी तरह हो रहा है। अथाह, अछोर समय के महाकुंड में समय की तमाम धाराएँ बह रही हैं। मैं हुएन-त्सांग के प्रशान्त चेहरे को देख रहा था। क्या वे जानते हैं कि मैं भविष्य की किसी सदी से उनकी सदी में आ गया हूँ। कौन जाने वे सब जो उनके साथ थे किन सदियों से आकर उस एक क्षण में इकट्ठा हो गए थे।

सातवीं सदी के मध्य एशिया में पश्चिमी चीन का प्रसिद्ध बौद्ध तीर्थ, कूछा नाम का नगर। नगर में हुएन-त्सांग की ख्याति उनसे पहले ही पहुँच चुकी थी। कई हज़ार भिक्षु कूछा के पूर्वी द्वार पर इकट्ठा थे उनके स्वागत में, भगवान बुद्ध की प्रतिमाओं के साथ, फूलों के गुच्छे और द्राक्षासव लिए हुए। हुएन-त्सांग की जन्मस्थली काऊचांग के अनेक नागरिक कई पीढ़ी पहले बौद्ध हो गए थे और कूछा, जो उस समय से ही बौद्धों का तीर्थनगर बन गया था, आकर बस गए थे। नगर के दक्षिण-पूर्व के एक संघाराम विशेष में उन्हीं के साथ हुएन-त्सांग के रहने की व्यवस्था थी। नगर के ही ओ-शी-ली-नी मन्दिर में कूछा का सुप्रसिद्ध विद्वान भिक्खु मोक्षगुप्त रहता था। बौद्ध धर्म के आधिकारिक ज्ञान के लिए तथा विविध धर्मों की जानकारी के लिए वह सुविख्यात था। सभी धर्मों के अनुयायी उसका सम्मान करते थे। वह तमाम शास्त्रों में निष्णात, हुएन-त्सांग से मिलने को इच्छुक था।

हुएन-त्सांग ने एक रात अपने पूर्व नगर निवासियों के संघाराम में बिताई, और दूसरा दिन हुएन-त्सांग और मोक्षगुप्त की भेंट के लिए निर्धारित हुआ। सम्राट भी उस सभा में उपस्थित हुए। मोक्षगुप्त ने हुएन-त्सांग से विनम्र अनुरोध किया—"संयुक्त अभिधर्म, कोश, विभाष तथा अन्य अनेक सूत्र-ग्रन्थ हमारे पास हैं, फिर संसार भर में भटकने की क्या ज़रूरत है? आप यहीं रहकर इनका अध्ययन कीजिए।"

"क्या आपके पास योगसूत्र भी हैं," हुएन-त्सांग ने पूछा। मोक्षगुप्त के चेहरे पर क्षोभ की लहर दौड़ गई। "ऐसा कुत्सित साहित्य कोई भी सच्चा बौद्ध नहीं पढ़ता!" मोक्षगुप्त की सीमित बुद्धि को तुरन्त समझते हुए हुएन-त्सांग ने कहा, "विभाष और कोश को हमने भी पढ़ा है—किन्तु उनका तर्क उथला है और उनकी भाषा अशक्त। वे निर्वाण की बात नहीं करते। मैं महायानी योग द्वारा निर्वाण की खोज में घूम रहा हूँ। बोधिसत्त्व की प्राप्ति हमारा लक्ष्य है। आप अपने अज्ञान से भयभीत नहीं?" यह सुनकर मोक्षगुप्त ने कहा, "आपने न तो विभाष को समझा है न अन्य सूत्रों को ही। आप कैसे कह सकते हैं कि उनमें धर्म के गहरे सिद्धान्त नहीं हैं?"

हुएन-त्सांग ने धैर्य से पूछा, "क्या आप उन्हें समझते हैं?"

"हाँ, पूरी तरह", उसने उत्तर दिया। इस पर हुएन-त्सांग ने कोश के प्रारंभिक अंश को सुनाया और कहा अब इसके आगे आप सुनाएँ। मोक्षगुप्त के सुनाने में लड़खड़ाहटें और अशुद्धियाँ थीं। वह घबरा गया, उसके चेहरे का रंग उड़ गया। "किसी और अंश की बात कीजिए", उसने कहा। पर दूसरे अंश भी उसे ठीक से याद न थे। उसके चेहरे पर शर्मिंदगी थी। उसने हार स्वीकार की।

बुद्ध के वचन उसे ठीक से याद न थे। बुद्ध के वचन-उपदेश ग्रन्थों को याद हैं, शिलाओं को याद हैं, ताम्रपत्रों को याद हैं, समय को याद हैं—पर एक भिक्षु को याद नहीं हैं। इससे बढ़कर दुख का कारण क्या हो सकता है। स्मृति में बाधा पड़ने से मति विभ्रम होता

है और सही मार्ग पाने में कठिनाई होती है। यह पराजय हर पराजय की भूमिका है। विद्वान मोक्षगुप्त पराजित।

मैं सोचने लगा कि शास्त्र के वचनों के पाठ में त्रुटि होने पर इतनी बड़ी पराजय! मैंने देखा, सबके चेहरों पर मौन स्वीकृति थी। सब अवाक् थे।

भविष्य के वाल्मीकि से पत्नी का प्रतिवाद

जंगल में ऋषियों से अपनी प्रतीक्षा करने को कहकर अग्निशर्मा घर आ गया है। वह बहुत उद्विग्न अवस्था में है। आत्मचिन्तन कर रहा है—यह सब क्यों कर रहा हूँ? यह सब कौन मुझसे करवा रहा है—मेरी प्रवृत्तियाँ या मेरी परिस्थितियाँ? पहले तो कभी नहीं सोचा—अब क्यों सोच रहा हूँ? अपने परिवार को पालना क्या आदमी का पहला धर्म नहीं? इसके लिए मुझे डाकू बनने पर किसने मजबूर किया? क्या वे मुझसे बड़े डाकू नहीं जिन्होंने मेरी आत्मा की हत्या की—क्या वे हत्यारे नहीं? फिर भी, अजीब

बात है, हर भूखा आदमी डाकू क्यों नहीं बन जाता? वह भूखा क्यों मर जाता है—किसी को मारकर क्यों नहीं मरता? उस वक़्त—उस वक़्त जब कोई तड़पकर दम तोड़ता है और उसके बेदम पड़ते हाथों की पकड़ को मैं अपनी बाहों पर ढीली पड़ती महसूस करता हूँ... उस वक़्त वह आदमी कितना दीन और पवित्र लगता है—मिट्टी होता हुआ मिट्टी की ही तरह निर्दोष। धीरे-धीरे मेरी दबोच, मेरे आतंक, से एकदम मुक्त होता हुआ... वह कौन होता है जो अपना शरीर, अपना सब छोड़ देता है? वह मर जाता है पर कभी-कभी उसकी आँखें देर तक नहीं मरतीं : अपलक मुझे घूरती रहती हैं मानो आश्चर्य से। उस वक़्त लगता है मैंने उसे नहीं उसने मुझे समाप्त कर दिया है। वह अपना सब कुछ छोड़ गया है मेरे लिए—अपना भय तक—अपना दुख-दर्द, घर-बार, पत्नी-बच्चे—यह पूरी दुनिया। तब लगता मैं नहीं, वह आदमी जिसे मैंने अभी मारा, हत्यारा था, डाकू था, जिसने मेरी आत्मा की हत्या की...

अग्निशर्मा की पत्नी उससे पूछती है, "क्या बात है? आज कोई ख़ास बात तो नहीं हो गई?

"नहीं। कुछ नहीं", फिर बोलता है, "यह अन्न, ये सुख-सुविधाएँ, घर-बार... इनका प्रबन्ध तुम्हें मालूम है मैं कैसे करता हूँ?"

"नहीं, पर सोच सकती हूँ। उसी तरह जैसे सब करते होंगे—काम-धंधा, मेहनत-मज़दूरी..."

"तुम्हें कभी ज़रूरी नहीं लगा यह जानना कि मैं क्या काम करता हूँ—इतना धन कैसे कमाता हूँ? कहाँ से, कैसे पाता हूँ?"

"तुम्हें आज यह पूछना क्यों ज़रूरी लग रहा है?"

"तुम्हारा पति क्या है, और जो कुछ करता है, क्यों करता है। यह भी नहीं कि वह पापी है या पुण्यात्मा?"

"क्या पाप है और क्या पुण्य, क्या ग़लत है और क्या सही, इसे समझने की योग्यता अगर तुम में नहीं है तो यह हम सब का दुर्भाग्य है..."

"क्या उस दुर्भाग्य को बदलने में पत्नी कुछ नहीं कर सकती। तुम केवल गृहिणी हो या और कुछ भी, स्वतंत्र..."

पत्नी टोकते हुए कहती है, "दूँगी उत्तर... पर इससे पहले मैं तुमसे कुछ पूछना चाहती हूँ—एक ज़्यादा ज़रूरी सवाल। तुम केवल एक पुरुष प्राणी हो, या मनुष्य भी?"

अग्निशर्मा चौकन्ना होता है, "क्या तुम्हें कुछ सन्देह है मेरे एक साथ दोनों होने में। यह विभाजन क्यों है तुम्हारे प्रश्न में?"

"तुम्हारे पुरुषत्व को लेकर नहीं, तुम्हारे मनुष्यत्व को लेकर आश्वस्त होना चाहती हूँ, बार-बार। अन्यथा कोई अर्थ नहीं रखती यह गृहस्थी, मेरा गृहिणी या तुम्हारी पत्नी होना। हमारी शक्ति हमारे पति-पत्नी होने में नहीं : सब से पहले हमारे मनुष्य हो सकने में है। अन्यथा यह केवल एक बर्बरता है जिसे हम दोनों जी रहे : जीवन एक बोझ है जिसे हम ढो रहे। हमारे सम्बन्धों का आधार प्रेम नहीं एक मजबूरी है जो हमें बाँधे हुए है। यह बन्धन अधिक नहीं चल सकता।"

"पूछ ही रही हो तो सुनो, अगर कहूँ कि मैं... मान लो मैं डाका डालता हूँ, जो लाता हूँ डाका डालकर, हत्या करके... ये गहने तुम्हारे, खाना, कपड़ा सब ख़ून से सने हैं, ये मेरे अस्त्र-शस्त्र देखो, बताओ तुम्हें स्वीकार है ये सब, ये कमाई?"

"हे भगवान, यह तुम क्या कह रहे हो? तो क्या तुम जानवरों का नहीं, आदमियों का... शिकार! नहीं, नहीं... हरगिज़ नहीं... यह सब झूठ है।"

"झूठ नहीं, सच है।"

"उफ़! इतने बड़े पापी तुम! क्यों, किसके लिए। यह असह्य है, मैं अस्वीकार करती हूँ तुम्हारे साथ रहना, तुम्हें यह गृह त्यागना होगा, गृह पर गृहिणी का अधिकार होता है।"

"पापी मैं नहीं—हमारा पेट है, हमारे परिवार का पेट, हमारी भूख जो एक जंगली जानवर की तरह हमारी समझ पर आक्रमण करती है और हमारी आँतों को बाहर निकालकर रख देती है। मेरी हिंसा इन्हीं आँतों की चीख़ती हुई भाषा है जो सबसे पहले मेरी समझ को खा जाती है।"

"पेट तो सबका होता है, पर हमारा ही पेट इतना पापी क्यों। तुम्हें अपनी ज़रूरत पूरी करने का अधिकार है लेकिन इस तरह नहीं।"

"तुम क्या कहना चाहती हो?"

"अपनी भूख, या अपनी भूखों, को जानें कि वह सचमुच है कितनी, और किन चीज़ों के लिए है। अपनी भूखों को जानना अपने आपको जानना है।"

"उस भूख की बात करो जो बिना अन्न के शांत नहीं होती। यथार्थ की बात करो।"

"हाँ, भूख यथार्थ है, जीवन का सबसे कटु यथार्थ। यथार्थ होते हुए भी भूख मृत्यु की तरह अन्तिम यथार्थ नहीं—इसीलिए उसे अन्तिम तर्क की तरह इस्तेमाल करना अनुचित है। भूख और मृत्यु के बीच जो एक बहुत पतली रेखा होती है वह भी होती है जीवन की ही तरफ़..."

"कितनी देर लगती है उस रेखा पर छटपटाते प्राणों को मृत्यु की तरफ़ कूद जाने में?"

"एक क्षण भी नहीं। लेकिन वह एक ही क्षण है जीवन और मृत्यु के बीच भी, और उसी एक पल की निश्चितता में हमें जीना पड़ता है। हम उसे मृत्यु नहीं मान सकते..."

"वह क्षण जीवन नहीं एक लम्बी मृत्यु है। उसे जीवन कहना धोखा है। तुम्हारी जीवन की पहचान चाहे जितनी भी उदार हो पर मृत्यु की पहचान बहुत अधूरी है। मैं जानता हूँ उन क्षणों को जब आदमी मर जाता है पर साँस लेता रहता है, बात करता रहता है—उसे जीवन मत कहो। मैंने अपने काम में जीवन से अधिक मृत्यु के चेहरों को देखा है।"

"और इसीलिए जीवन के चेहरों को पहचानना भूल गए हो। जीवन के असंख्य चेहरे हैं, मृत्यु का केवल एक चेहरा है। तुमने उसी एक चेहरे को यथार्थ मानकर पूरे जीवन को उससे ढँक दिया है। जीवन को पहचानो..."

"जिनके पास ज़रूरत से ज़्यादा हो उनसे थोड़ा-सा छीन लेना पाप नहीं, कर्तव्य है।"

"क्या तुम्हारे पास ज़रूरत से इतना कम है कि तुम दूसरों की हत्या करो, डाका डालो?"

अग्निशर्मा कुछ सोचते हुए चुप हो जाता है, फिर पूछता है, "पहले उत्तर दो—जो कर रहा हूँ केवल अपने लिए नहीं, हम सबके लिए कर रहा हूँ—तो जो भी सही-ग़लत, अच्छा-बुरा कर रहा हूँ उसके तुम सब भी भागीदार हो या नहीं?" पत्नी चुप रहती है। अग्निशर्मा कड़ककर पूछता है, "उत्तर दो।"

"नहीं, किसी के कर्मों का कोई दूसरा ज़िम्मेदार नहीं होता चाहे वह पत्नी ही हो। अपने पापों का भोक्ता पापी स्वयं होता है।"

अग्निशर्मा बच्चे से पूछता है, "तू बता", उसे झकझोरकर फिर पूछता है, "बोल!"

"छोड़ो उसे। वह बच्चा है अभी...", बच्चे को वहाँ से हटा देती है।

"किसी को तो उत्तर देना ही होगा—कोई तो मेरे भले-बुरे कर्मों का भागीदार होगा ही।"

पत्नी दृढ़ता से कहती है, "भागीदार नहीं, ज़िम्मेदार। और आदमी सबसे पहले ख़ुद अपने कर्मों के प्रति ज़िम्मेदार होता है। कोई चाहे भी तो किसी के कर्मों को नहीं ओढ़ सकता। आदमी जो भला-बुरा करे उसके लिए वह स्वयं ज़िम्मेदार होता है।"

"लेकिन मैं जो कर रहा हूँ तुम्हारे लिए..."

पत्नी तीखी निगाहों से अग्निशर्मा को देखती है। वह कुछ ढीला पड़ता है, "तुम सबके लिए..."

पत्नी कुछ कहने को उद्यत होती है। वह अपनी बात को ठीक करता है, "हम सबके लिए कर रहा हूँ। और जो कर रहा हूँ मजबूरी में कर रहा हूँ।"

पत्नी क्रोधित होकर चीख़ती है, "किसी के लिए भी कर रहे हो, ऐसी कोई मजबूरी नहीं कि हत्या करो, डाका डालो। तुम जो कर रहे हो उसके भोक्ता तुम हो, तुम्हारा परिवार नहीं।"

"बस, बस, अब और नहीं", अग्निशर्मा घर से बाहर निकल जाता है।

अग्निशर्मा को अपने घर के सामने दीवार के सहारे बैठे हुए तीन दिन हो गए हैं।

पत्नी कहती है, "भूखे-प्यासे जागते हुए आज तीसरा दिन है—तुम घर से बाहर नहीं निकले।" अग्निशर्मा चुप रहता है। पत्नी फिर कहती है, "मैंने तुम्हें बहुत दुख पहुँचाया है..."

"नहीं, तुमने मेरी आँखें खोल दी हैं। अब तक न जाने क्या देख रहा था इन आँखों से। अब मैं एक ऐसे संसार को देख रहा हूँ जिसमें मैं बिल्कुल अकेला हूँ। केवल अपने को देख रहा हूँ। केवल अपने को नहीं, बल्कि उस अग्निशर्मा को जो तीन दिनों से भूखा-प्यासा घने जंगलों में भाग रहा है, और कोई उसका पीछा कर रहा है—उसकी हत्या करने के लिए। नहीं, अब फिर से मेरी हत्या नहीं हो सकती। मैं नहीं होने दूँगा।"

अग्निशर्मा उठकर जाने लगता है। पत्नी कुछ बेचैनी से पूछती है, "कहाँ जा रहे हो?"

"पहली बार, मुझे सचमुच पता है कि कहाँ जा रहा हूँ। कोई मेरी प्रतीक्षा कर रहा है—विदिशा के भयानक जंगलों में तीन दिनों से भूखा-प्यासा..."

अलग-अलग शक्लों में

दरवाज़े की घंटी बजी। ज़रूरत से कुछ ज़्यादा देर तक। दरवाज़ा खोला तो सामने ठिगने क़द का एक आदमी, थोड़ा तोंदियल, अकड़कर खड़ा था। चुस्त पैजामा, सैंडल, ऊँचा कुर्ता। वह चुप खड़ा रहा तो मैंने पूछा—"कौन हैं आप? क्या..."

"बख़्तियार हूँ।" बीच में ही मेरी बात को काटते हुए वह बोला।

"बख़्तियार कैसे, उसे मरे तो लगभग आठ सौ साल हो चुके!"

"यह कौन कहता है!"

बख़्तियार किसी व्यक्ति का नाम नहीं है। वे घटनाएँ नहीं परम्पराएँ होती हैं; शरीर नहीं मानसिकताएँ होती हैं।

मैं उसे ध्यान से देख रहा था। क़द-काठी और अकड़ से लगा कि वह शायद झूठ नहीं बोल रहा था। बख़्तियार कभी नहीं मरते। फिर-फिरकर आते रहते हैं अलग-अलग शक्लों में, अपनी तमन्नाओं को साथ लिए।

मेरा ध्यान उसकी टोपी पर गया जिसके कोनों को अपने कानों की तरफ़ मिलाकर वह इस तरह पहने हुए था कि वह साधारण-सी टोपी नेपोलियन के हैट की तरह लग रही थी। बिना मुझसे कुछ कहे, दरवाज़ा ढकेलते हुए वह मेरे घर के अन्दर आ गया। बख़्तियार का भी यही तरीक़ा था। पूछता तक नहीं था—निधड़क दूसरों के देशों में प्रवेश कर जाता था, मानो वे परदेश नहीं, उसकी अपनी रियासतें हों जिन पर दूसरे देशों ने ज़बरदस्ती कब्ज़ा कर रखा हो!

ऐसे ही एक बार वह तिब्बत में घुस गया था। कड़ी ठंढ पड़ रही थी। गाँव के गाँव वीरान हो गए थे। कोई चाय-पानी देने वाला भी नहीं था। लिहाज़ा उसे मजबूरन अपने लश्कर के साथ लौटना पड़ा। बाहर भारी हिमपात हो रहा था। फ़ौज के सिपाही ठंड में मक्खियों की तरह मर रहे थे एक-एक कर। लौटे तो अपने घर से भी बेघर हो कर।

शान से मेरे ड्रॉइंगरूम के सोफ़े पर बैठते हुए उसने इशारे से मुझे फर्श पर बैठने को कहा। मैं थोड़ी परेशानी अनुभव कर रहा था—इस पागल से कैसे निपटा जाय। वह सोफ़े पर तनकर इस तरह बैठा था जैसे सिंहासन पर बैठा हो! वह गर्दन को तिरछी करके डपटकर बोला—बैठो!

मैं बैठ गया। न जाने क्यों अकारण ही उसके हुक्म को मानते हुए। निहायत लंपट क़िस्म का आदमी—बददिमाग़—हुक्म चला रहा था। और मैं, अपने घर में ही उसका हुक्म मान रहा था। क्यों? उसे किसी को बुलाकर घर से बाहर निकलवा देने के बजाय। मैं उठने को हुआ तो उसने थोड़ी नरमी से कहा—"बैठो। यह तुम्हारे हित में होगा।"

अभी तक यह समझ में नहीं आ रहा था कि वह कौन है और क्यों आया है। उसने स्पष्ट किया—"लूटपाट हमारा पेशा है, जैसे बड़े-बड़े राजाओं और बादशाहों का रहा है!"

इसी समय फिर दरवाज़े की घंटी बजी। बख़्तियार के आदमी थे—नत्था और शेरू। वे आकर मेरे दोनों ओर खड़े हो गए। एक के हाथ में लाठी थी, दूसरे के हाथ में कट्टा। वैसे, एक के ख़िलाफ़ वे तीन क्या, एक ही काफ़ी था—हथियार बिल्कुल ग़ैरज़रूरी थे।

"मैं तुम्हें लूटने आया हूँ, अगर तैयार हो तो ठीक है, वरना..." उसने सहूलियत से कहा।

घर की चाभियों का गुच्छा उसे देते हुए मैंने कहा—"लो तुम जो चाहो ले जाओ।"

उसे आश्चर्य हुआ। चाभियाँ उसने शेरू को देते हुए कहा, "जाओ देखो।" फिर मुझसे बोला, "जेल में था; निकल भागा हूँ। जब तक फिर नहीं पकड़ा जाता, आज़ाद हूँ!"

कुछ रुककर उसने पूछा—"क्या करते हो?"

"लेखक हूँ!" मैंने सहजता से कहा, "कविताएँ लिखता हूँ..."

वह मानो आसमान से गिरा! "लेखक? कविताएँ? लाहौलविला! तो मुख़बिर ने मुझे ग़लत ख़बर दी कि यहाँ सोना है!"

इसी बीच शेरू लौटा, "सरदार यहाँ तो कहीं सोना-वोना नहीं—किताबें ही किताबें भरी पड़ी हैं। मदरसा जान पड़ता है..."

"और लोग कहाँ हैं?"

"लगता है हम लोगों के डर से घर के पिछवाड़े से सामान लेकर भाग गए हैं। खाना खा रहे थे, उनकी जूठी थालियाँ अभी भी पड़ी हैं। घर बिल्कुल ख़ाली है।"

मैंने हताश स्वर में कहा—"उनके पास कुछ भी नहीं होगा। वे शायद सिर्फ़ अपनी जान बचाकर भागे हैं।"

"हमारे साथ धोखा हुआ है। घर वाले सोना लेकर भाग गए हैं। किताबें छोड़ गए। हमें सोना चाहिए, बिरहमन, सोना—ये रद्दी काग़ज़ों का ढेर नहीं!"

वह बेतहाशा चीख़ रह था, ''हमारे साथ धोखा हुआ है, धोखा! इस सब में आग लगा दो।'' घर देखते-देखते नालन्दा की तरह खंडहर हो गया।

लोग आज भी आग लगाते घूम रहे हैं। लेकिन सारी आगजनी के बावजूद इल्म की दुनिया क़ायम है। मैं किसी तरह अपनी जान बचाकर कुछ किताबों के साथ भाग निकला। तब से सब को समझाने की कोशिश कर रहा हूँ कि सब के पास सोना नहीं होता।

किलबरी वन

स्थानों का भी यदि एक अपना संस्कार होता है तो निश्चय ही यह स्थान कवि कम दार्शनिक अधिक है। स्थानों की भाषा मूलतः चाक्षुस और ध्वन्यात्मक होती है। वह एकतरफ़ा होती है जिसे हम अपनी तरह पढ़ते, सोचते और आत्मसात करते हैं। उसमें से कुछ कालान्तर में हम भूल जाते हैं और कुछ हमारी स्मृतियों का स्थाई अंग बन जाते हैं। स्थान–विशेष से हमारी बातचीत आत्मिक होती है जिसका एक छोर पृथ्वी तो दूसरा क्षितिज तक फैला होता है। उस स्थान को हम स्वयं अपना मनचाहा व्यक्तित्व देते हैं।

अक्सर मैं जगहों को भी व्यक्तियों की ही तरह जानना-पहचानना पसन्द करता हूँ, और इस दृष्टि से मैं उच्छृंखल से लेकर सौम्य-चित्त मनीषी, धर्मात्मा और जीवन-मुक्त स्थानों तक से मिला हूँ—घंटों साथ रहा हूँ, हफ़्ते और महीने तक बिता चुका हूँ। मुझे इसकी विशेष चिन्ता नहीं रहती कि और कोई मेरे साथ है या नहीं। न हो तो ज़्यादा अच्छा, हो तो कोई विशेष बाधा भी नहीं, क्योंकि मैं जानता हूँ जिस भाषा में स्थान-विशेष से मेरी बातचीत होगी उसे मेरे या उस स्थान के अतिरिक्त और कोई नहीं समझ सकेगा—न उसमें रुचि ही ले सकेगा।

किलबरी वन, नैनीताल से लगभग सात मील दूर। उसकी सुन्दरता के बारे में काफ़ी सुन चुका था। मिलने की इच्छा हुई। उस दिन मेरे एक मित्र वहाँ जा रहे थे, एक सप्ताह के लिए, मैं भी साथ हो लिया। मित्र ख़ुश हुए कि चलो एक से दो हो गए, मैं सन्तुष्ट था कि ख़ैर, दो बहुत नहीं होते। एक सप्ताह डाक-बंगले में ठहरने का प्रबन्ध था। दोपहर को घोड़ों पर हम नैनीताल से रवाना हुए, कुली तथा मित्र के अरदली पहले ही चल चुके थे।

रास्ता शान्त और छायादार था लेकिन अन्य बहुत से पहाड़ी रास्तों की अपेक्षा उसे बहुत सुन्दर नहीं कह सकता। व्यक्तिगत रूप से मुझे वह प्राकृतिक दृश्य सदैव अधूरा लगता है जिसमें पानी का अभाव हो—शायद इसीलिए मुझे कश्मीर की तुलना में कुमायूँ की पहाड़ियाँ कम अच्छी लगती हैं। किलबरी में भी मुझे यह कमी बराबर महसूस होती रही। दूर एक पहाड़ी नाले का क्षीण-स्वर सुनायी अवश्य पड़ता था, लेकिन इतना क्षीण कि उसका कोई भी अर्थ लगा सकना असम्भव था।

तीसरे पहर पहुँचने पर जब उस स्थान से मेरा पहला परिचय हुआ तो न जाने क्यों यह नहीं लगा कि वह मुझसे बड़े तपाक से मिला। धूप की एक हल्की ऊनी चादर ओढ़े उस दृश्य ने मानों मुझे देखकर धीरे से सिर हिला दिया और दूर पर बर्फ़ की तरह सफ़ेद उसकी सैंकड़ों मील लम्बी केश-राशि झिलमिला उठी। मैंने मन-ही-मन उस सौम्य ऋषि-मूर्ति को प्रणाम किया।

किलबरी का डाक-बंगला एक पहाड़ी पर बना है और उसके चारों ओर तीखी ढलानें हैं। एक ओर रानीखेत, अल्मोड़ा, मुक्तेश्वर

की पहाड़ियाँ तथा उनके पीछे के हिमाच्छादित शिखर दीखते हैं तो दूसरी ओर कोटाबाग और कोसी नदी का खुला मैदान।

दूसरे दिन ही किसी ठंडे किन्तु कोमल स्पर्श से जागा तो देखा कमरे में अंधाधुंध बादल घुस आए हैं। उस नई जगह में बिना बुलाये मेहमान! बादल हँसते हुए कमरे में घूम रहे थे, और मेरी हर चीज़ को अपने गीले हाथों से छू-छूकर अचरज से देख रहे थे। मुझे यह बुरा लगा। सब कपड़े नम हो जाएंगे, और बिना धूप के उनका सूखना भी मुश्किल होगा। लेकिन बादलों को कौन समझाये?

बाहर निकलकर आया तो सिवा बादलों के और कुछ भी नहीं दिखलायी दे रहा था। अब तक मेरे मित्र भी जाग गए थे। उन्हें चिन्ता थी कि ऐसे मौसम में तो एक भी चित्र ले सकना असम्भव था। अतः वह दिन बरांडे में ही बीता, खाते-पीते और बातचीत करते। दूसरे दिन मौसम साफ़ हो गया था और पहली बार मैंने उस स्थान को भरपूर देखा। उस शालीन दृश्य की एक-एक मुद्रा जैसे मन में उतर गई। मीलों फैली हरी-भरी घाटियों के पार धूप में चमकती हुई अचल हिम-मालाओं पर किरणों की एक सुनहरी गति थी, जो चित्त को किसी अद्‌भुत शान्ति तक ले जाती थी। हवा में एक विरलता और सादगी थी जो मानो उस शान्ति का कोमल स्पर्श देह तक लाती थी।

लौटकर जब मैं कमरे में घुसा तो देखा मेरे मित्र कैमरा और बन्दूक लिए तैयार थे। मैं चौंका, क्योंकि उनकी इस तैयारी के लिए मैं बिल्कुल तैयार न था। आश्चर्य से पूछा, "यह सब क्या है?" बोले, "आज मौसम साफ़ है। उस दूसरी वाली पहाड़ी पर जा रहा हूँ, घुड़ल की शूटिंग के लिए।" मैंने पूछा, "कैमरे से या बन्दूक से?" उत्तर मिला, "दोनों से। शाम तक लौटूंगा।" और शाम तक वे लौटे, साथ में बोरे में एक मरा हुआ घुड़ल लिए हुए : कैमरे में शायद उसके संबंधियों की तस्वीरें थीं। मित्र काफ़ी थके हुए नज़र आ रहे थे, लेकिन काफ़ी उत्साहित भी। हांफते हुए भी उन्होंने लैंडस्लाइड की चर्चा शुरु कर दी थी। जिसे देखकर वे दंग रह गए थे—"उफ़, कितना रोमांचकारी था वह दृश्य, समूची पहाड़ी धीरे-धीरे खिसकती हुई, धूल और कंकड़ों का झरना, कभी-कभी मनों

भारी पत्थरों का टूटकर तेज़ी से लुढ़कना और रास्ते में किसी दूसरे पत्थर से टकराकर टुकड़े-टुकड़े हो जाना। बस यह समझ लो कंकड़-पत्थर का एक भयानक दरिया, और सबसे आश्चर्य की बात तो यह कि उसी पहाड़ी पर जहाँ एक ढाल पर दहाड़ते हुए पत्थरों का तूफ़ान था, दूसरी ढाल पर ये घुड़ल ऐसे निर्द्वन्द्व चर रहे थे मानों कहीं कुछ हो ही नहीं रहा।''

इसी बीच उस पहाड़ी लड़के ने मरे हुए घुड़ल के बच्चे को बोरे से बाहर निकाल दिया था। कितना सुन्दर था वह—मृत्यु में भी। मैंने कहा, ''यह तो हिरन का बच्चा मालूम देता है—वैसा ही निरीह चेहरा, बड़ी-बड़ी आँखें!'' मित्र बोले, ''नहीं, यह हिरन की तरह दीखता है, पर सचमुच पहाड़ी बकरी की एक ज़ात है।'' ''तो क्या हुआ, कितना मासूम और प्यारा है।'' मित्र मेरी तरफ़ देर तक देखते रहे—मैंने बात बदलने के लिए यूँ ही पूछा, ''यहाँ और कौन-कौन से जानवर हैं?'' हाथ के इशारे से पहाड़ों को दिखाते हुए उन्होंने बताया, ''इन हिस्सों में सभी तरह के जानवर हैं, ख़ासकर साँभर, घुड़ल, चीतल, भालू और शेर तक। अँधेरे में निकलना काफ़ी ख़तरनाक हो सकता है, यद्यपि कोई भी जानवर तभी हमला करता है जब वह अपने को ख़तरे में अनुभव करे।'' मैंने हँसते हुए कहा, ''शायद आदमी ही एक ऐसा जानवर है जिस पर यह नियम नहीं लागू होता।''

शाम हो चुकी थी। कमरे में जाते हुए मैं एक बार दूर तक फैली हुई उन बर्फ़ीली चोटियों को फिर देखने को हुआ, पर न जाने क्यों इच्छा नहीं हुई—या शायद साहस नहीं हुआ। कमरे में आग जला दी गई थी। चुपचाप उसी आग के पास बैठ गया। सारे वन को झींगुरों ने तेज़ सीटियों से गुँजा रखा था। बाहर आकाश इतना साफ़ था कि लगा खिड़की से हाथ बढ़ाकर उस सबसे नज़दीक वाले तारे को छू सकता हूँ।

तलुओं में आग की मीठी सेंक पहुँच रही थी। कब ऊँघ गया, मालूम नहीं। रात को सहसा किसी जानवर की विचित्र आवाज़ से नींद खुल गई। अंगीठी में आग बुझ चुकी थी। टॉर्च लेकर बाहर आया, पर कहीं कुछ न था। पहाड़ियाँ तक अँधेरे में खो गई थीं।

केवल तारे चमक रहे थे। दूनी चमक से। मन में एक भाव उठता था—यह पीड़ा-रहित सूनापन और निर्विकल्प सौंदर्य, मनुष्य जो इन्हें अनुभव कर सकता है शायद इन अनुभवों में जीता भी रह सकता है, बिना छिन्न-भिन्न हुए।

प्रकृति में प्रतिपल चल रहे इस बुनियादी जीवन-नाटक को कई तरह सोचता हूँ। वही जो प्रकृति में, जीवन में भी सक्रिय है। यह खेल अनवरत चलता रहता है। वही भूगोल, वही इतिहास। उसी काल का तांडव जो जीवन भी है, और मृत्यु भी—एक दूसरे में नत्थी...

वे : एक फ़ैंटेसी

जलसा रात भर चलता रहा, जलसे के बाद बाहर निकल कर देखा, हज़ारों जूतों की भीड़ एकत्र थी, उसी भीड़ में कहीं मेरे भी जूते रहे होंगें—उन्हें जल्दी ढूँढ़ लेना मुश्किल था। लेकिन उन्हें ढूँढ़ना ज़रूरी था क्योंकि उनके बिना मैं कहीं भी नहीं जा सकता था। मैं कहाँ जाना चाहता हूँ, इससे पहले मेरे लिए यह सवाल ज़्यादा ज़रूरी था कि कहीं जाऊँ। मगर कैसे जाऊँगा अगर जूते न मिले? मैंने सोचा, हो सकता वे न मिलें, वे पहले ही चले गए हों, किसी और के पावों के साथ। मैंने थोड़ी देर के लिए मान लिया कि

मेरे दोनों जूते ग़ायब थे... शुरू-शुरू में मेरा ख़्याल था कि दो में से एक है... लेकिन एक भी नहीं था। वे जहाँ भी थे, साथ थे और इसलिए जिसके भी साथ थे उसके मतलब के थे।

मैंने अपने पाँवों की ओर देखा। वे नंगे थे और एक तरह से मुक्त भी थे, जूतों के बन्धन और दबाव से। उनका नंगापन उनकी नहीं मेरी मजबूरी से एक ख़ास तरह जुड़ता था और मुझे बेइज़्ज़त करता था।

मैंने अपने चारों ओर देखा। वहाँ कोई नहीं था। केवल एक लड़की कुछ दूर पर एक बड़ी-सी गठरी लिए बैठी थी। उसकी गठरी में क्या हो सकता है? मैंने बूझा—उसकी गठरी में मेरे जूते हो सकते हैं! उसे आशंका हुई कि मुझे उसकी गठरी पर शक हुआ है। उसने मुझे इशारे से पास बुलाया। मैं उसे ध्यान से देख रहा था।

वह कौन थी? मेरी बहन तो नहीं, जो बचपन में अकसर मुझे परेशान करने के लिए मेरे जूते छिपा दिया करती थी? उसने बिना हँसे या नाराज़ हुए मेरी ओर नहीं, मेरी परेशानी की ओर देखा... और गठरी खोल दी। गठरी में तमाम जूते ही जूते भरे थे, जो एक ठहाके के साथ मेरे सामने ही नहीं मेरे चारों तरफ़ फैल गए। इतने सारे! यह सब एक स्वप्न तो नहीं?... "लो ढूँढ़ लो अपने... या अपने लिए एक जोड़ी। परेशान मत हो।"

पता नहीं उसने ऐसा कहा या मैंने केवल ऐसा सुना। मेरे पाँवों में खुजली होने लगी जो उस लड़की की हँसी की तरह पशोपेश में डालने वाली थी।

मैंने जूतों पर एक उड़ती-सी नज़र डाली। एक जोड़ी जूते, या शायद सैंडलें, ऐसी थीं जिन पर मुझे शक हुआ कि वे मेरी हो सकती हैं। मैंने उन्हें छूने के लिए हाथ बढ़ाया लेकिन वे मेरे हाथ लगाने से पहले ही शहद की मक्खियों की तरह रंग-बिरंगे जूतों के छत्ते में, या शायद फूलों के गुच्छों में, घुस गईं। मैंने खीजकर दोनों हाथों से पूरी ढेरी को हलकोर डाला पर वे सैंडलें हाथ न आईं जो मेरे नंगे पैरों को देखकर मुझपर हँसी थीं। मैंने सोचा वहाँ और समय नष्ट करना व्यर्थ है... और मैं फिर उसी दरवाज़े पर लौट आया जहाँ से पहली बार मैंने जूतों की भीड़ को देखा था। मैंने

सोचा दूसरों को अपने-अपने जूते लेकर निकल जाने दूँ। भीड़ कुछ कम हो तो मेरे जूते मुझे अपने आप दिख जाएँगे।

मैंने ठीक सोचा था। मेरी निगाह यकायक अपने जूतों पर पड़ी, जो बेसब्री से दूसरे जूतों को जाते हुए देख रहे थे। उनकी मुस्तैदी और ख़ूबसूरत तैयारी पर किसी को भी गर्व हो सकता था। उनकी मूँछें ऐंठी हुई थीं और कलगी धीरे-धीरे हवा में हिल रही थी। ऐसा नहीं लगता था कि वे वहाँ बहुत देर से थे या जलसे के दौरान दूसरे जूतों की तरह सो गए थे। इसका राज़ मुझे बाद में पता चला कि वे भी मेरे हॉल में जाते ही चुपचाप मेरे पीछे-पीछे घुस आए थे और मेरी आँख बचाकर कमरे के एक कोने में बैठे-बैठे रात भर जलसा देखते और ऊटपटाँग सबक ग्रहण करते रहे। उस रात उन्होंने जो कुछ देखा था वह उनकी समझ का नहीं, उनके आचरण का एक हिस्सा बनकर बाद में प्रकट हुआ, उनके शाही रवैये में।

मैं उनकी ओर आशा से बढ़ा। उन्होंने मुझे आशा से अपनी ओर आते देखा... और फिर मानो एक शरारत भरी हँसी को दबाते हुए एक दूसरे की ओर देखा... और बस इसी समय एक विचित्र घटना घटी जिसने मुझे महान आश्चर्य में डाल दिया और बहुत बाद में मुझे ले जाकर एक ऐसी जगह जगा दिया कि फिर मैं कभी इस प्रकार की घटनाओं से धोखा न खाऊँ!

उस वक़्त जब कि मेरे और जूतों के बीच मुश्किल से दो तीन क़दमों का फ़ासला रहा होगा, वे अपनी जगह पर हिले... और मेरे देखते-देखते सड़क की ओर टहल लिए। मुझे अपनी आँखों पर विश्वास नहीं हुआ, लेकिन यह समय विश्वास या अविश्वास का नहीं था, गहरी दुविधा का समय था। एक घबराहट और बदहवासी ने मुझे घेर लिया कि कहीं अगर ये जूते हाथ से निकल गए तो घर तक लौटना भी मुश्किल हो जाएगा। मैं उनकी ओर झपटा लेकिन वे मुझसे दुगुनी तेज़ी से बढ़े और भीड़ में ग़ायब हो गए। इस तरह जूतों के भीड़ में अचानक ग़ायब हो जाने की अनेक आश्चर्य-

कथाएँ इस देश के मन्दिरों के साथ ज़रूर जुड़ी हैं—लेकिन यह एक सर्वथा लौकिक चमत्कार था जो मेरी आँखों के सामने घटित हो रहा था।

मेरे सामने अब कोई और विकल्प नहीं था सिवाय इसके कि मैं मान लूँ कि अब मुझे नंगे पाँवों ही घर लौटना होगा। यह मेरे लिए पहला और अजीब अनुभव था कि सड़क पर नंगे पाँवों, पैन्ट ऊँचा किए, अपने को अपने ही जूतों के पीछे बदहवास भागता हुआ देखूँ। दूसरों का ध्यान शायद मेरी ओर नहीं था, मेरा ही ध्यान मेरी ओर था... कि मैं दूसरों की तरह जूते नहीं पहने हूँ!

ठीक उसी वक़्त जब कि मैंने लगभग तय कर लिया था कि मैं जूतों का मुहताज नहीं और जिस हालत में भी हूँ उस हालत में ही बेहतर हूँ, वे मुझे फिर नज़र आए और कुछ इस तरह मानो मुझे अपनी ओर बुला रहे हों।

वे दोनों एक जोड़ी राजकुमारों की तरह एक दूसरे के गले में फीता डाले उसी चौराहे के दूसरी तरफ़ खड़े थे जिस चौराहे को मैं पार करने की कोशिश कर रहा था। उन्होनें मुझे देख लिया था और हँस रहे थे। मौक़ा पड़ जाए तो साधारण चीज़ें भी दुष्ट हो जाती हैं। मुझे उन पर बेहद ग़ुस्सा आ रहा था। उन्हें वहाँ कोई भी बहकाकर नहीं लाया था, वे ख़ुद हॉल के बाहर किसी के पीछे लगे हुए ही निकल आए थे और यहाँ बीच बाज़ार में हवा खाने और आवारागर्दी के मूड में ढिठाई से, बिना पाँवों की परवाह किए, टहल रहे थे।

यह सोचते ही कि आख़िर बिना पाँवों के वे चल कैसे रहे थे, मेरा ध्यान मानो अपने आप उस छोटे से स्वचालित पंखे की ओर गया जो जूतों के पीछे फिट था और दोनों जूतों को एक साथ बाँधे हुए भी था। ख़ूब! यह इन्तज़ाम तो पहले कभी मैंने स्वप्न में भी नहीं सोचा था। अगर उन जूतों के पर उग आए होते और वे इस तरह शहर की ओर भाग आए होते तो शायद मुझे कम आश्चर्य होता... मान लेता कि आख़िर आदमी, जो कुछ परियों की कहानियों में सोचता रहा है, वह कभी सच भी हो सकता है, मगर यहाँ तो शुद्ध टेक्नोलॉजी ने जूतों को हवाई जहाज़ बना दिया था, और मैं

भौचक्का-सा आदमी के दो कमज़ोर पाँवों पर खड़ा यह करिश्मा देखता रह गया था।

इस समय वे एक ख़ूबसूरत लड़की के पीछे-पीछे चल रहे थे। मैंने सोचा ऐसा वे सोचकर नहीं कर रहे : जिसके पीछे-पीछे चले जा रहे थे वह इत्तिफ़ाक से एक सुन्दर लड़की थी। मेरा सोचना ग़लत था। वे लड़की के पीछे नहीं भाग रहे थे—एक बच्चे के नन्हे-नन्हे पाँवों के पीछे भाग रहे थे, जो उस समय कुछ माँगता हुआ लड़की के पीछे-पीछे दौड़ रहा था। लड़की की चाल में झुँझलाहट और खीझ थी। बच्चा ज़बरदस्ती ज़िद कर रहा था। उसका चेहरा सब बच्चों की तरह था—प्यारा। लेकिन उसके पाँव अनोखे थे—उसके लटपट भागते हुए पाँव एक लय थे जिसमें वह फुटपाथ पर एक कविता लिख रहा था। उसके पाँव मेरी हथेलियों के बराबर रहे होंगे।

"क्यों पैसा चाहिए तुझे? क्या करेगा पैसे का? कौन है तू—कहाँ रहता है? इस तरह सड़क पर अकेला क्यों घूम रहा है?" अचानक रुककर लड़की ने ये सारे सवाल उससे एक साथ पूछ डाले।

लड़के ने एक का भी जवाब नहीं दिया—केवल उसे देखता रहा, उन निगाहों से जो ऐसे सारे सवालों का एकमात्र और पूरा जवाब हुआ करती हैं। लड़की ने देखा बच्चे की आँखें बड़ों की आँखों की तरह भर आई थीं : उसकी उदासी असह्य थी।

"अच्छा ले।" यह कहकर उसने बच्चे की मुट्ठी पैसों से—शायद तारों से—भर दी। "अच्छा, अब बता—क्या करेगा इन पैसों का?" बच्चा तुरन्त बोला, "आइसक्रीम।" लड़की ने उसके लिए आइसक्रीम ख़रीद दी। "ये रही तेरी आइसक्रीम। अब बता क्या करेगा पैसों का?" कुछ सोचकर लड़के ने पैसे लौटाते हुए कहा "पता नहीं.." फिर कुछ सोचकर रुक गया, "जूते ख़रीदूँगा—वैसे..." और उसने मेरे जूतों की ओर इशारा किया। मेरे जूते इस वक़्त बच्चे के ठीक सामने थे—और क्योंकि वे सामने थे इसीलिए

शायद बच्चे ने उन्हें किसी तरह के जवाब की तरह इस्तेमाल कर लिया था—लड़की के सवालों से बचने के लिए। मुझे लगा कि वह लड़की लड़की नहीं, एक परी थी, और जूते मामूली जूते नहीं, जादू के जूते थे जिन्हें पहनते ही लड़का एकदम ग़ायब हो गया था। पता नहीं क्यों उसकी सूरत देखते ही मुझे लगा था कि वह लड़की साधारण लड़की नहीं, जादूगरनी है, जिसके साथ लड़कों के अचानक ग़ायब हो जाने की अनेक परीकथाएँ जुड़ी हो सकती हैं। यह भी नहीं कहा जा सकता कि सारा दोष लड़की का था। पैसों या आइसक्रीम में भी जादू हो सकता है कि लड़का पैसों या आइसक्रीम की तरह देखते-देखते ग़ायब हो गया था। या शायद कहीं लड़की के कपड़ों से ढँका था, उसके पेट के पास फूला-फूला सा आदमी का भविष्य। लेकिन अपने बारे में मैं अब भी नहीं सोच पा रहा था कि आख़िर सिंड्रेला की तरह एक लड़की की कहानी क्यों गेरे जूतों के साथ शुरु से ही जुड़ी रही है, इस तरह कि एक जोड़ी में से हमेशा एक मेरे पास रहा और दूसरा दूसरों के पास, और दोनों एक दूसरे के बिना हमेशा अपूर्ण!

जूते इस वक़्त सड़क पार कर रहे थे। एकाएक मेरे मन में आया कि इन्हें यहीं बीच सड़क पर पकड़कर इनकी मरम्मत करूँ—आवारा कहीं के! जूते शायद मेरा इरादा भाँप गए। उन्होंने फ़ौरन इंजिन स्टार्ट किया। पंखा तेज़ी से घूमने लगा, साथ ही जूते भी सड़क पर एक किनारे होकर क़ायदे से चलने लगे, मानो उन्हें चलने के सारे क़ानून अच्छी तरह मालूम रहे हों। मैं उनकी ओर झपटा, लेकिन देखा कि सामने रेड लाइट थी, सड़क पार नहीं कर सकता था। जूते हँसे और झूमकर भीड़ में खो जाने के लिए बढ़े। यह असह्य था। अबकी अगर ये कहीं खोये तो फिर हमेशा के लिए इनसे हाथ धोना पड़ेगा। फिर तो शायद ये ज़मीन पर नहीं हवा में ही उड़ते दिखाई देंगे। ठीक इसी वक़्त मुझे ऐसा लगा कि वे ज़मीन से एक बालिश्त ऊपर उठकर चल रहे थे और अगर चाहते तो आसानी से हमारे सिरों पर उड़ने लगते। बस उन्हें कोई चालाक उड़ाने वाला

मिल भर जाता तो वे रूसी या अमरीकी रॉकेटों की तरह भी उड़ सकते थे, या उड़नबमों की तरह हमारे सिरों पर बरस सकते थे!

मेरे लिए अब बिना कुछ किए वहाँ उसी तरह खड़े रहना असम्भव होता जा रहा था। मैंने सारा धीरज खो दिया था। अगर मैं तुरन्त कुछ नहीं करता तो निश्चय ही वे जूते मेरे पाँवों को हमेशा के लिए त्यागकर स्वतंत्र हो जाएंगे और मनमानी चलने फिरने लगेंगे।

रेड लाइट के बावजूद मैं जूतों की ओर लपका। जूते चतुराई से फुटपाथ पर आए, वहाँ से उड़कर मेरी तरफ़ वाले फुटपाथ पर पल भर रुके... मानो मुझे अपनी ओर बुला रहे हों, लेकिन मेरे वापस होते ही दुबारा फुर्र से उड़कर बग़ल वाली सड़क पर भागे। लगभग बीस जूतों के फ़ासले पर वे फुटपाथ पर रुक गए थे। नई सड़क बन रही थी। पत्थर की बजरी पर गर्म तारकोल डालते ही बजरी उसे पी जाती और ऊबड़-खाबड़ से समतल हो जाती थी। शायद यह खेल उन खिलाड़ी जूतों को पसन्द आया जिसे वे इतमीनान से खड़े होकर देख रहे थे। उन्हें यह भरोसा भी था कि मैं बिना उनकी मदद के ऊबड़-खाबड़ बजरी को पार करके उन तक पहुंचने की हिम्मत नहीं करूँगा। लेकिन रेड लाइट और बजरी के बावजूद मैं उनकी ओर बढ़ा, जूते सहज भाव से अपनी जगह से उठे और देखते-देखते सामने कॉफी-हाउस में घुस गए।

मैं सड़क से देख रहा था। वे दोनों जिस मेज़ पर चाहते जाकर ढिठाई से बैठ जाते और जिस दिशा में चाहते लापरवाही से चलने लगते। मैं बेसब्री से उनकी ओर बढ़ा कि मानो एक कुहराम खड़ा हो गया... पुलिसवाले ने हाथ उठाया जो क़ानून का हाथ था और ज़ोर से सीटी बजायी जिसमें से धाराप्रवाह गालियाँ बजने लगीं! मैं नहीं रुका। मैंने शायद सन्तुलन खो दिया था और पागलों की तरह अपने जूतों के पीछे भागा जा रहा था। जूतों जैसी नाचीज़ की बात नहीं थी, इज़्ज़त जैसी चीज़ की बात थी, जो इस वक़्त मेरे नंगे पाँवों की तरह नंगी कर दी गई थी, बीच बाज़ार में। सड़क पर एक

तमाशा लग गया था। लोगों के दाँत मेरे पाँवों पर हँस रहे थे। उनके जूते मेरी बौखलायी शक्ल पर हँस रहे थे।

मैं झपटकर कॉफी-हाउस में घुस गया। सब मेरी ओर इस तरह देखने लगे मानो मैं कोई पागल हूँ जो अभी-अभी पागलख़ाने से छूटकर आया था, हालांकि मैं बराबर यह महसूस कर रहा था कि मैं बिल्कुल ठीक था। अचानक मेरे दोनों जूते उछलकर एक सिर पर जा बैठे... मैंने सोचा बस यही मेरे लिए अन्तिम मौक़ा है... और मैं बेतहाशा उनकी सन्तुलित खोपड़ी पर टूट पड़ा। वे कुर्सी छोड़कर हड़बड़ाकर खड़े हो गए, "सम्भलिए जनाब... आपकी तबियत तो ठीक है न?"

"मेरे जूते...!"

"आपके पाँवों में होंगे! यह तो मेरा सिर है..."

अब मैं बिल्कुल पस्त और परास्त हो गया था। मेरे पाँव नंगे थे और सब से बड़ी ट्रैजिडी तो यह थी कि जिन पारदर्शी हवाई जूतों के पीछे मैं भाग रहा था उन्हें केवल मैं देख रहा था, और कोई नहीं... वो भी नहीं जिसके सिर पर वे टोपी या ताज की तरह बैठे हुए गपशप कर रहे थे। मैंने उन्हें समझाना चाहा। वे नाराज़ हो गए—बोले, "आपको जूतों और हुकूमत के बीच नाता ही नहीं मालूम... आपसे बहस क्या करूँ!"

मैं बिना कुछ बोले बाहर आ गया। मेरे मन में अब क्रोध नहीं, केवल एक अज्ञात आशंका थी। पता नहीं यह आशंका मेरे अपने लिए थी या अपने नादान जूतों के लिए... मेरे पीछे शायद मेरे जूते भी बाहर निकल आए थे...

वे कहाँ जाना चाहते थे? वे कहीं पहुँचना भी चाहते थे या नहीं?... या मात्र चलना ही उनका स्वभाव बन गया था, किसी उपन्यास के फक्कड़ और घुमक्कड़ नायकों की तरह? इस समय तो वे एक दुकान के जगमगाते शो-केस के सामने खड़े नए-नए फ़ैशन के जूतों की छटा को बड़े चाव से देख रहे थे। "तो यह है वह जगह जहाँ वे पहुँचने की कोशिश में थे... किसी बहुत बड़ी दुकान के शो-केस में!" नहीं। वे जल्दी ही वहाँ से भी खिसक लिए और एक विशाल पोस्टर के सामने खड़े हो गए। एक बेहूदा

पैर पोस्टर के बाहर तक निकल आया था। जूते उसे ध्यान से देख रहे थे।

तीन चार लाउडस्पीकरों की दूर-पास की आवाज़ें एक साथ कानों में पड़ रही थी। अखंड कीर्तन, फ़िल्मी गाने, भाषण सब एक साथ चल रहा था... भाइयों... बहनों... नैना मिला कर... सुनहु... दसानन... बोल सिया... गांधी की जय... भारतीय संस्कृति... दरअसल... संस्कृति शब्द ख़तरे में है... दुनिया भर में... जनता ने... सरकार को... उलट दिया है... हमारे यहाँ... सरकार ने... जनता को...

जूते बिना कुछ सुने उन पैरों को ध्यान से देख रहे थे जो नंगे थे। न जाने क्या सोचकर उन्होंने तलुवों को गुदगुदा दिया। एक ज़ोर का बिजली का झटका और वे कलाबाज़ियाँ खाते हुए दूर जा गिरे। मुझे हँसी आ गई। एक ही फ़िल्मी मार में चारों खाने चित! वे तिलमिलाकर अपनी जगह से उठे और दूसरी ओर चल दिए।

मैं उनकी ओर से बेफ़िक्र होता जा रहा था और यह मानकर चल रहा था कि अगर जूते पाँवों की तरह चल या परों की तरह उड़ सकते हैं तो पाँवों की ख़ैरियत इसी में है कि वे जूतों की तरह चलना सीखें। सामने नई सड़क बन रही थी। बजरी पर गर्म तारकोल उड़ेला जा रहा था, जिस पर जूतों और पाँवों को बराबर से चलना था। इस महान कल्पना की बुनियादी कविता को सोचते ही मेरा मन भर आया। मैंने प्यार से उन मासूम जूतों की जोड़ी को देखा, जो किनारे खड़े बनती सड़क और स्टीम-रोलर को बड़ी उत्सुकता से देख रहे थे...

इसी समय वह भयानक घटना घटी... जूतों को न जाने क्या सूझा कि उन्होंने अपने पीछे लगे पंखों को स्टार्ट किया और लगे स्टीम-रोलर के आगे-आगे झूमकर उड़ने और क्रांति के गीत गाने! कभी-कभी तो वे रोलर के इतना समीप आ जाते कि लगता अब दबे तब दबे... मगर यह सब आख़िर कब तक चलता रहता। उनके कमाल पर जब भीड़ तालियाँ बजाती तब वे और भी ज़्यादा ख़तरा उठाते। आख़िर एक बार स्टीम-रोलर को भी ताव आ ही गया और वही हुआ जिसका मुझे डर था। तालियों की गड़गड़ाहट के बीच शायद जूते एक बार स्टीम-रोलर की आवाज़ को नहीं सुन पाये

और देखते-देखते उसके नीचे आ गए। रोलर जब आगे निकल गया तो वहाँ सिवाय एक सपाट सड़क के और कुछ न था। लोग पागलों की तरह तालियाँ बजा रहे थे—इस बार स्टीम-रोलर के कमाल पर जो अपनी ताक़त और करतब दिखाकर अब फूला न समाता था, और सब के सामने झुक-झुककर अपनी विनम्रता के फूल बरसा रहा था। "दुष्ट, मक्कार..." अपने को रोकते-रोकते भी ये शब्द मेरे मुँह से निकल ही गए, लेकिन ख़ैरियत है कि उस हुजूम और शोरगुल में किसी ने मेरे शब्दों की ओर ध्यान न दिया।

लोग इस वक़्त दबे हुए जूतों को नहीं स्टीम-रोलर को प्रशंसा भरी निगाहों से देख-देखकर ख़ुश हो रहे थे। मेरा ध्यान मेरे जूतों की ओर था क्योंकि वे फिर भी मेरे अपने ही थे कभी। अब वे जूते नहीं सड़क पर दबे पड़े दो शब्द थे, या एक चित्र की तरह सुदंर जिन्हें ज्यों का त्यों काग़ज़ पर उतार लिया जा सकता था।

मैंने देखा... कि दोनों जूते अचानक फड़फड़ाकर सड़क की सतह से उठे और लोगों की नज़रें बचाते हुए उनके सिरों के ऊपर से, दो ख़ूबसूरत तितलियों की तरह आकाश में उड़ चले। मैंने सोचा अब ये आसमान में दो नन्हें सितारों की तरह टिमटिमायेंगे। वे मरे नहीं थे... उनकी आत्माएँ... या उनकी कल्पनाएँ? मेरे मुँह से ख़ुशी की चीख़-सी निकल गई, पर मैंने अपनी ख़ुशी को किसी पर ज़ाहिर न होने दिया। पाँवों से अब उनका कोई नाता नहीं बचा था... उनका इस तरह मुक्त हो जाना अपने आप में सुन्दर था और आश्चर्यजनक भी।

उनको लेकर मन में अब केवल एक सहज और स्वाभाविक कौतूहल था कि देखें अब क्या होता है... निश्चित ही वे अब दूसरा पैर नहीं खोजेंगे... पर मुझे डर था कि मेरे पैरों में दूसरे जूते उग आएंगे...

मोनालीसा की डायरी

फ़्रांस के विश्व-विख्यात चित्रालय लूव्र में मैं एक चित्र हूँ। निर्माता लिओनार्दो द विंची; पहला संरक्षक फ़्रांसिस प्रथम जो मुझे 4000 स्वर्ण मुद्राओं में खरीदकर इटली से फ़्रांस लाया। तब से मैं लूव्र की एक अमूल्य निधि हूँ। लगभग 500 से अधिक वर्षों के जीवनकाल में मैंने अपने सामने से मानवता का एक अटूट ताँता गुज़रते देखा है। मैंने वे आँखे देखी हैं जो मेरी प्रसिद्धि से आकर्षित हो मुझ तक आईं, रुकीं और आगे बढ़ गईं ! मैंने वे आँखे देखी हैं जो मुझ पर ठहरीं और घंटों ठहरी रह गईं, जो मेरी आत्मा तक

व्याप गईं और उसका एक अंश बन गईं। वे आँखें जिनमें मैं केवल एक चित्र थी, वे आँखें जिनमें मैं एक इतिहास थी, वे आँखें जिनमें मैं एक चेतना थी, वे आँखें जिनमें मैं एक प्रतीक थी! मैंने संसार का सारा झूठ-सच आँखों ही आँखों में जाना है : उन असंख्य आँखों में जो मुझे देखने आईं और साथ अपने युग की एक विशेष मनोवृत्ति लाईं।

पन्द्रहवीं शताब्दी : रेनेसांस काल—जब पहली बार दो विशेष आँखों ने मुझे देखा था और सदा के लिए कला का बन्दी बना दिया। तब मैं चित्र न थी, फ़्रांचेस्को डेल जिओकोन्दा की पत्नी थी जिसके नाम पर मैं 'ला जिओकोन्दा' भी कहलाती हूँ। दूसरा शरीर, दूसरी आत्मा, जिसे लिओनार्दो द विंची ने एक क्षण में संगीत द्वारा किसी अलौकिक सौन्दर्य में परिणत होते देखा और उस रूप को चिर-स्थायी कर लेना चाहा। मुझे एक कला का शरीर मिला, और एक कलाकार की आत्मा। वह आत्मा जिसमें एक विचित्र शक्ति और संवेदना थी : जिसमें जीवन की दो महानतम प्रवृतियाँ—सौन्दर्य और जिज्ञासा—का अपूर्व सम्मिश्रण था। जिसकी दृष्टि में मैं मात्र नारी जिओकोन्दा नहीं बल्कि एक प्रतीक, एक चेतन इतिहास थी। नारी का वह कोई विलक्षण रूप जो लिओनार्दो के अन्तर्मन में था और जिसकी क्षणिक झलक उसने मुझमें पायी थी।

आज लगभग 500 वर्षों बाद, जब मैं अपने अस्तित्व के इस विचित्र मायाजाल को देखती हूँ तो लिओनार्दो के प्रारम्भिक जीवन से सम्बन्धित एक छोटी-सी घटना याद आती है जिसे किसी से सुना था। एक बार लिओनार्दो को अपने पिता की ढाल पर ड्रैगन, एक काल्पनिक दैत्याकार हिंसक पशु, का चित्र बनाना था। ड्रैगन केवल उसकी कल्पना में था पर बिना उसे साक्षात् देखे चित्र कैसे बनाया जाय? दिन भर वह जंगलों की ख़ाक छानता रहा और शाम को कुछ छिपकलियाँ, गिरगिट, केकड़े, झींगुर, चमगादड़, साँप वगैरह लेकर घर पहुँचा और उन सबको जोड़-जाड़कर ड्रैगन तैयार किया, और उसके बाद फिर ढाल पर चित्र बना। कभी-कभी न जाने क्यों ऐसा लगता है कि मैं भी उस ड्रैगन की तरह हूँ जो केवल एक प्रतीक है, और उन तमाम नारियों से बनी हूँ जो

लिओनार्दो के मस्तिष्क में नारी के हज़ार वर्षों के इतिहास के रूप में उपस्थित थीं। प्रसिद्ध सौन्दर्यवादी वॉल्टर पेटर के शब्दों में—मैं वह कुछ हूँ जो सहस्त्रों वर्षों से पुरुष ने चाहा है। वह चेहरा जिसमें संसार के अवसान हैं, जिसकी आँखें कुछ थकी हुई-सी हैं। देह पर व्यक्त एक आन्तरिक सौन्दर्य हूँ—विचित्र विचारों, कल्पनाओं और मादक वासनाओं का कोई क्रमिक संग्रह। क्षण भर के लिए मुझे किसी प्राचीन देवी या ग्रीक सुन्दरी के पास रख दीजिए, और मेरा रूप—जिसमें से आत्मा के तमाम विकार गुज़र चुके हैं—उस अविकार आदिम सौन्दर्य को विचलित कर देगा। मैं वह समस्त अनुभव और विचार हूँ जो मेरी बाह्य आकृति में चित्रित हैं—ग्रीस की ऐन्द्रियता, रोम की कामुकता, मध्ययुग का रहस्यवादी प्रेम, अ-ईसाई समाज के विश्वास, बोरजिया वंश के पाप... इन सबका सारांश। मैं उन चट्टानों से भी अधिक पुरातन हूँ जिनके बीच मैं चित्रित हूँ, किसी भटकती हुई अतृप्त आत्मा की तरह मैं कई बार मर चुकी हूँ और मृतकों के रहस्यों से परिचित हूँ, मुझमें अतल सागरों के किनारे होनेवाली सन्ध्याओं की आभा है, मैं पूर्वी सौदागरों के हाट में बिकी हूँ, लीडा हूँ, हेलेन हूँ, सन्त ऐन, मैरी... बाँसुरी और सितार की लयों सरीखी मैं इन सुकुमार रेखाओं, रंगीन पलकों, कोमल हाथों में ढाली गई आत्मा हूँ। श्रीमती लीसा! कौन जाने नए युग का नया प्रतीक मैं अभी भी उसी विशद परम्परा का अंग न होऊँ?

आज भी उस अद्वितीय क्षण की स्मृति, जब लिओनार्दो ने इन सब भावनाओं को एकाएक मुझमें केन्द्रित होते देखा था, मेरे मन में ताज़ा है। किसी संगीत ने मुझे आत्म-विभोर कर दिया था, मेरे मुख पर कदाचित् आनन्द और सन्तोष का वही भाव था जो अब तक प्रसिद्ध हो चुका है। और फिर, उसी भाव मुद्रा को बनाए रखने का लिओनार्दो का पागल प्रयत्न। चार वर्षों के अथक परिश्रम के बाद वही मुखाकृति जो संगीत तक न रोके रख सका, लिओनार्दो के चित्रपट पर मुस्करा उठी। मैं आज भी उसी आह्लाद क्षण की मार्मिक अभिव्यक्ति हूँ। मेरे डूबे हुए से अर्धोन्मीलित नयन, हाथ, मेरे चारों ओर का वातावरण, मेरी विश्व-प्रसिद्ध मुस्कराहट जिसकी

अब तक सैकड़ों व्याख्याएँ हो चुकी हैं—सब कुछ उस अपूर्व क्षण का अक्षय इतिहास है।

लिओनार्दो उन महान कलाकारों में था जिनकी चेतना को तात्कालिक न कहकर त्रैकालिक कहना चाहिए : जो जीवन के अतीत और वर्तमान के ही नहीं बल्कि भावी सम्भावनाओं के प्रति भी सचेत रहते हैं। उसमें विचित्र प्रज्ञाशक्ति थी जिसके द्वारा वह वस्तुओं के आन्तरिक सत्य और सौन्दर्य तक पहुँच जाता था। उसकी बहुमुखी प्रतिभा देखते हुए सहसा विश्वास नहीं होता था कि एक मस्तिष्क इतनी विविध दिशाओं में सोच सकता है। उस समय के उसके बहुत से ऐसे रेखा-चित्र हैं जिसके विकसित रूप—टैंक, हेलीकॉप्टर आदि—आज दिखायी देते हैं। वह उस युग का प्रतिनिधि कलाकार है जिस युग ने न केवल सांस्कृतिक अतीत को ही समेटा था बल्कि वैज्ञानिक युग का सूत्रपात किया था। यही कारण है शायद कि जीवन के जिस गहरे रहस्य को उसने मुझमें भरा वह कभी पुराना नहीं पड़ा बल्कि आनेवाली हर पीढ़ी की जिज्ञासा के रूप में मुझमें शामिल होता रहा। नारी का जो सजीव रूप मुझमें व्यक्त हुआ वह किसी अतीत की जड़ वरासत मात्र न था बल्कि एक सक्रिय आत्मा थी जो किसी गहरी मानसिक अनुभूति का फल था और हर पीढ़ी के मनोभावों में व्यक्त होने की क्षमता रखता था।

मेरे प्रशंसक अक्सर यह नहीं सोचना चाहते कि समय के साथ मैं भी बूढ़ी हो रही हूँ—आत्मा से, शरीर से। मेरे गुलाबी गालों की आभा क्षीण पड़ रही है, मेरी भौंहें धुँधली पड़ गई हैं, मेरी त्वचा अधिक कोमल थी, मुख पर अधिक लावण्य था। मैंने असंख्य पैनी दृष्टियों को सहा है। मैं वह धीर व्यक्तित्व भी हूँ जो बूढ़ा नहीं होता है। मेरे मन में अभी भी उन तरुण दिनों की याद ताज़ा है जब मध्ययुग की धार्मिक और अन्धविश्वासी मान्यताओं के संकुचित दायरों से मनुष्य मुक्त हो रहा था। हीन और अपवित्र समझी जाने वाली नारी पुरुष की इच्छाओं का उपकरण-मात्र न रहकर बराबर से घर और समाज में आदर पा रही थी। शिक्षा और सामाजिक गौरव के उसे भी वही अधिकार प्राप्त थे जो पुरुष को : वह घर की उपेक्षिता दासी न होकर गृहस्वामिनी थी। यही समय था जब नारी

के उज्ज्वल भविष्य की कल्पना की जा सकती थी। पर मैंने उसके बाद जो परिवर्तन देखे उससे निराशा ही हुई। स्त्री की स्थिति फिर बिगड़ी और बरसों तक वह सामाजिक दुर्व्यवस्था और पक्षपात का शिकार रही। मशीन-युग के आरम्भ ने उसके पतन का एक नया रूप देखा... आज की नारी कदाचित् अधिक सम्पन्न और सुखी हो!

बीसवीं सदी—लूव्र की प्राचीरों के अन्दर मैं, निर्वासिता, मोनालीसा। नई पौध को अपने सामने से गुज़रते देखती हूँ। आँखें—केवल आँखें—नई और मासूम आँखें जो मेरी ओर देख रही हैं और यह जानना चाहती हैं कि मेरे हृदय में क्या है—मेरी मुस्कराहट में कौन-सा रहस्य छिपा है। शान्ति, सन्तोष, हर्ष, आनन्द, कुटिलता, या सिर्फ़ उदासीनता? मैं चुपचाप इन खोजती, बीनती, आँखों के—जो मेरे लिए एक आदत बन चुकी हैं—उस पार देखती हूँ, उन्हीं सपनों को जिन्हें मैंने सदियों पहले देखा था—लिओनार्दो की अतृप्त, जिज्ञासु आँखों में! मानवता अभी भी अपूर्ण है। रेनेसांस युग की तरह इस युग में भी एक स्वस्थ बेचैनी है पर आत्मविश्वास नहीं। नई योग्यता, नई उपलब्धियाँ तो हैं पर हर चेहरे पर एक दबा हुआ भय और आशंका है, जो हर दूसरे चेहरे के प्रति सशंक है, जिसे मैं अपने सौम्य और शान्त चेहरे से भी ढाढ़स नहीं दे पाती। शायद इन्हें लगता हो कि मेरे डूबे हुए तन्मय नेत्र, मेरी मुस्कराहट इस विचित्र जीवन पर आक्षेप या अनुमोदन से अधिक स्पष्ट एक व्यंग्य है जो अपने स्थायित्व से जीवन की हर चंचलता को तौलती है।

राजधानी मे पानी की कमी

शहंशाह अकबर अपने ख़्वाबगाह में थे। उनके एक वफ़ादार ताबेदार ने उन्हें एक बुरी ख़बर दी कि फ़तेहपुर सीकरी में पानी नहीं है।

बुरी ख़बर देने वाले का सर क़लम कर दिया गया। अकबर एक दूरन्देशी बादशाह था। वह नहीं चाहता था कि बुरी ख़बर रिआया के बीच फैले, और रिआया के बीच अफ़रातफ़री मचे।

फिर हुक्म हुआ कि पानी जहाँ कहीं भी मिले उसे पकड़कर फ़ौरन बादशाह के सामने हाज़िर किया जाय।

भगोड़े पानी के पीछे सिपाही दौड़ाए गए। पानी कहीं घने जंगलों में छिप गया था। उसे ढूँढ़कर पकड़ लिया गया और जहाँपनाह के सामने हाज़िर किया गया।

उससे पूछा गया कि बग़ैर इजाज़त उसने शाही महलों की ग़ुलामी से भागने की ज़ुर्रत कैसे की?

पानी चुप रहा। कैसे बताता कि उसे शाही महलों की ग़ुलामी से जंगलों की आज़ादी ज़्यादा पसन्द है।

पानी की चुप्पी बर्दाश्त से बाहर हुई जा रही थी। शाही हुक्म हुआ कि पानी का क़त्ल कर दो! आख़िर एक बादशाह के हाथ में क़त्ल से ज़्यादा बड़ी ताक़त थी भी कहाँ?

लिहाज़ा पानी का भी क़त्ल कर दिया गया और उसकी लाश को जंगल में फेंक दिया गया। इस शाही ज़ुल्म पर पूरी पानी जाति ने बग़ावत कर दी। रातोंरात वे फ़तेहपुर सीकरी से भाग गए। उनके पीछे क़ातिल फ़ौजें दौड़ाई गईं, जहाँ भी वे मिलें उनका फ़ौरन क़त्ल कर दिया जाय और उनके सरगना को पकड़कर सामने लाया जाय।

चारों ओर क़त्ल किए हुए पानी की सड़ती लाशों की बदबू से लोगों का जीना दुश्वार हुआ जा रहा था।

एक दिन उनका सरगना भी पकड़कर बादशाह के सामने लाया गया। उसने बाग़ी पानी जाति कि ओर से बादशाह से माफ़ी माँगी और क़सम खाई कि वह ता-उम्र बादशाहों की ग़ुलामी करेगा।

बादशाह ख़ुश हुए। पानी को मुआफ़ कर दिया गया और सरगना को शाही ख़िलअतों से नवाज़ा गया। पहला पानी सोने का गिलास भरकर एक थाल में रखकर बादशाह के सामने पेश किया गया।

लेकिन उस पानी को चखते ही बादशाह को उलटी हो गई! सारा दरबार इस हादसे से काँप गया। मीठे के बजाय इतना खारा पानी! बादशाह आग बबूला हो गए।

"यह क्या", बादशाह ने गरजकर पूछा, "सरेआम मुझे ज़हर देने की साजिश! इसकी क्या सज़ा हो सकती है जानते हो?"

"जानता हूँ मेरे आक़ा," उसने कहा, "लेकिन मैं तो सिर्फ़ पानी हूँ। हमेशा आपका ग़ुलाम पानी ही रहूँगा। मुझमें ज़हर मिलाने का काम मेरा नहीं, आपके चहेतों का है।"
"कौन हैं वे जानते हो?"
"जानता हूँ, पर कुछ कह नहीं सकता! वे सब आपके ही आदमी हैं और आपकी ही नहीं मेरी भी जान लेने पर तुले हुए हैं। वह दिन दूर नहीं जब बिना ज़हर मिला पानी देखने को नहीं मिलेगा!"

लेकिन शाही अक़्ल एक चक्कर में पड़ गई थी। अगर सारा पानी ज़हरीला हो गया तो वे भी ज़िन्दा कैसे बचेंगे जो मेरी जान लेना चाहते हैं। उन्हें सज़ा कैसे दी जाएगी?

कहते हैं कि ऐसी विषम घड़ियों में अकबर बादशाह को हमेशा अपना चुटकुलेबाज़ बीरबल याद आता था। उसको बुलाकर बादशाह ने पूछा कि क्या करना चाहिए? बीरबल क्योंकि शाही क़त्लों कि परम्परा से पूरी तरह वाक़िफ़ था, उसने सबसे पहले एक एहतियात रखकर बात करना ज़रूरी समझा।

"हुज़ूर जान बख़्शी जाय तो..."
"बख़्शी, बोलो अब," बादशाह ने अधीरज से कहा।
"हुज़ूर, सीकरी के आसपास तो अब कहीं पानी नहीं, यहाँ से दूर भाग गया है। जो है भी यहाँ पीने के लायक़ नहीं। लिहाज़ा, सीकरी को छोड़ देना चाहिए!"
"छोड़ देना चाहिए? कहीं यह ज़हरीला पानी पीकर तुम्हारा दिमाग़ तो नहीं फिर गया? अनाप-शनाप बक रहे हो! और इन महलों का क्या होगा? इन्हें इतनी मुश्किलों से बनाया और बसाया। उस दीने-इलाही का क्या होगा जिसकी योजनाएँ अभी अधूरी हैं?"

"इलाही, जी है तो जहान है। ये पानी का मुआमला है हुज़ूर। ये महल अब महल नहीं, पानी से लड़ाई के मैदान हैं, और हम हार

गए हैं! जान बचाकर भागिए मेरे आक़ा—ख़ुदा ख़ैर करे। और ये पानी का सरगना—समुद्र—आज तक किसी बादशाह का ग़ुलाम नहीं हुआ। इसे बाइज़्ज़त छोड़ दीजिए। यह आपसे कहीं बड़ा बादशाह है—बादशाही महलों का मज़ाक़ उड़ा रहा है!"

अकबर एक समझदार बादशाह था। उसने बात की अक़्लमन्दी को गहराई से समझा। "जिन खोजा तिन पाइयाँ, गहरे पानी पैठ"— बीरबल को यह मसल दुहरानी नहीं पड़ी। सीकरी के महलों को ज्यों का त्यों छोड़कर बादशाह सलामत अपने कुनबे, दरबारियों और रिआया सहित नदी की ओर भागे। यमुना के दामन में पनाह ली। अकबराबाद रौनक़-आफ़रोज़ हुआ। फिर दिल्ली उचमकी। मुग़लों की कई पुश्तें सदियों गुलज़ार रहीं यमुना के किनारे। लेकिन...

सुनते हैं इधर यमुना के बुरे दिन आए हैं और दिल्ली के भी! नदी की जान ख़तरे में है। उसके पानी में भी ज़हर मिला पाया गया है। सब की जान ख़तरे में है, और कोई नहीं जानता कि इस जानलेवा लापरवाही में कौन-कौन शामिल हैं।

एक यात्रा का छोटा-सा संस्मरण

एक हृष्ट-पुष्ट स्त्री के मुक़ाबले में एक पिद्दी-सा दुबला-पतला आदमी खड़ा था। स्त्री शायद उस ट्रेन की इंजिन चालक थी, अगर नहीं थी तो होने लायक थी। आदमी ट्रेन का गार्ड था, मगर इस लायक़ भी नहीं था।

ट्रेन इरकुट्स्क के स्टेशन पर रुकी थी।

हम सब तमाशबीनों की तरह इकट्ठा थे कि देखें यह मज़ेदार मुक़ाबला, पहले तो, कैसा होता है; फिर इसका नतीजा क्या निकलता है। इसमें भी शायद थोड़ी दिलचस्पी थी कि वह क्यों हो रहा था।

दोनों बिना रुके धाराप्रवाह बोल रहे थे—और एक साथ—बिना एक दूसरे की बात को सुने, बोल रहे थे। मेरे कुछ नहीं समझ में आ रहा था कि वे क्या कह रहे थे क्योंकि मैं उनकी भाषा नहीं जानता था। लेकिन मेरा ख़्याल है कि उनके भी कुछ नहीं समझ में आ रहा था जो उनकी भाषा जानते थे। जिस तैश में वे दोनों बातें कर रहे थे वह भाषा में व्यक्त हो ही नहीं सकता था। उस समय तो केवल तैश व्यक्त हो रहा था, भाषा के बावजूद, और सब उस तैश के मतलब में ही दिलचस्पी ले रहे थे, भाषा के मतलब में नहीं।

उस दिन मुझे पहली बार यह एहसास हुआ कि अमूमन चुप्पे लोग भी इतना बोल सकते हैं : वरना उस विदेश-यात्रा में मेरा अनुभव यही रहा कि वे बहुत कम बोलने वाले जीव हैं। अपने ठिठुराते जाड़ों की तरह बिल्कुल सर्द और ऊपर से जमे हुए लोग जिनकी भीतरी गर्माहट तक पहुँचने के लिए एक कोशिश करनी पड़ती है। वह गर्मी ऐसी नहीं जो खुलकर अपने आप बाहर आ जाने वाली चीज़ हो।

वह दृश्य यों भी रोचक था। साइबेरिया के कुछ-कुछ थकाने वाले बेजोड़ दृश्य की एकरसता को एक छोटे से गर्मा-गर्मी वाले प्रसंग से सरगर्म बनाता हुआ—वरना अब तक छः दिन की उबाऊ ट्रेन यात्रा ने काफ़ी थका दिया था।

ट्रेन में केवल भारतीय शिष्ट-मंडल ही न था जो मॉस्को से पीकिंग तक की लगभग 6000 मील की यात्रा ट्रांस-साइबेरियन ट्रेन से बारह दिनों में तय कर रहा था। विशेष ट्रेन थी जो मॉस्को से पीकिंग के लिए छोड़ी गई थी। उसमें हमारे अलावा ऑस्ट्रेलिया, न्यूज़ीलैंड, विएतनाम, लंका, चीन, दक्षिण-पूर्व एशिया आदि के डेलीगेट्स भी थे।

तो उस समय इस मुक़ाबले को देखने के लिए लगभग अन्तर्राष्ट्रीय दर्शक इकट्ठा थे। भाषा से अनभिज्ञता शायद किसी के लिए समस्या न थी। सबका ध्यान तैश और उसके नतीजे पर था... जो शायद अन्तर्राष्ट्रीयोचित भी था!

वह स्त्री बार-बार आदमी को चुनौती दे रही थी और रेल की पटरी की ओर इशारा करती थी। आदमी पटरी की ओर देखता और कुछ कहते हुए मानो बच निकलने का बहाना-सा खोजता। कभी खखारता, कभी थूकता, कभी आगे बढ़ता, कभी पीछे हटता... मगर जो कुछ भी वह एक बार करता, स्त्री उसी को कई बार करती।

सब सोच रहे थे, इस फ़साद में पटरी क्यों बीच में लाई जा रही थी। भारत होता तो मैं सोचता स्त्री रेल के नीचे कट-मरने की धमकी देकर आदमी को क़ाबू में लाना चाहती थी। यहाँ शायद वह उस आदमी से कट-मरने को कह रही होगी। पटरी की जगह नदी होती तो डूब-मरने को कहती!

क्षण भर को लगा कि मेरा अनुमान ठीक है। वह आदमी, मानो हार कर, पटरी पर चढ़कर खड़ा हो गया। स्त्री कमर पर हाथ धरे दो पल तो उसे हिकारत से देखती रही, फिर ख़ुद भी उसके सामने जाकर पटरी पर अपने को साधकर खड़ी हो गई। मैं सोच रहा था कि अगर इन दोनों को साथ ही कट-मरना है तो लेट जाना चाहिए, पटरी पर खड़े होकर कट-मरना तो कट-मरने का अजब बेतुका तरीक़ा है। फिर सोचा शायद ये बहादुर लोग खड़े-खड़े सीना तानकर मरने वाले लोग हैं, ज़मीन पर गिर कर, घुटने टेककर मरने वाले लोग नहीं। लड़ाइयों में बहादुरी के तमाम हैरतअंगेज़ तरीक़े इतिहास में प्रसिद्ध हैं।

मेरा अनुमान बिल्कुल ग़लत निकला। ये आमने सामने लड़ते लड़ते, न मरने वाले लोग निकले।

तलवार की लड़ाई के लिए जिस तरह पैरों को आगे-पीछे साधकर तैयार हुआ जाता है उस तरह दोनों पटरी पर अपने को साध कर, एक दूसरे की आँखों मे आँखें डाल कर, मुस्तैद होकर खड़े हो गए। हाथ इस तरह ताने मानों हाथ हाथ नहीं तलवार हों।

आदमी ने स्त्री के हाथ पर पहला वार किया। (राम राम! थू!) स्त्री ने कुशलता से उस वार को रोका ही नहीं बल्कि आदमी के पंजों को अपने ताक़तवर पंजों में जकड़ लिया। इस कमाल पर कमाल की तालियाँ बजीं : चिर परिचित लय में कभी तेज़, कभी रुक-रुक कर, भारतीय पद्धति में भड़भड़ाकर बरसीं नहीं!

और अब ज़बरदस्त खींचातानी और मशक़्क़त शुरु हुई कि देखें कौन किस को पटरी पर से नीचे उतार देता है!

तो यह थी असली लड़ाई! वन्डरफ़ुल!

मुक़ाबले को उस नतीजे पर पहुँचने में ज़्यादा देर नहीं लगी जिसकी हम सब को आशा या आशंका थी, क्योंकि स्त्री की ताक़त में और आदमी की ताक़त में लगभग वही अनुपात था जो इंजिन की ताक़त में और एक गार्ड की ताक़त में आमतौर पर हुआ करता है... उस वक़्त में जब इंजिन तय कर ले कि वह गार्ड के इशारों पर न तो रुकेगा न चलेगा! स्त्री ने आदमी को पटरी पर से उतारा नहीं, उसे इस तरह फेंका मानों वह आदमी नहीं लाल या हरी झंडी हो। लोग सकते में थे, यहाँ तक कि तालियाँ बजाना भी भूल गए।

स्त्री ने तरेरकर सब की तरफ़ देखा और तब लगा कि लोग सकपकाकर तालियाँ बरसाने लगे थे, बिल्कुल भारतीय शैली में इस बार।

हम सब उस देश में दोस्ती, प्यार और शान्ति के लिए गए थे। इस घटना से मैनें एक सबक़ सीखा। संसार के सारे झगड़ों का निबटारा इसी तरह होना चाहिए। ज़िन्दगी का सफ़र साइबेरिया पार करने की तरह है, कभी-कभी बेहद उबाऊ, कभी-कभी बेहद दिलचस्प भी। झगड़े-फ़साद भी लाज़िम हैं : उस का मौक़ा आए तो पूरी ट्रेन को डाइनामाइट से उड़ा देने की नहीं सोचना चाहिए। यह कायरता है : अपनी कमज़ोरी को एक बड़े सत्यानाश में छिपाना। चुपचाप किसी स्टेशन पर ट्रेन रुके तो उतरकर दुश्मन को एक ऐसी लड़ाई का मौक़ा देना चाहिए कि वह पूरी की पूरी ट्रेन को ही ख़तरे में न डाल दे : और अन्तर्राष्ट्रीय स्तर पर मनोरंजन अलग हो!

भुवन का सोचना

भुवन सोचता बहुत है। यही उसकी सब मुसीबतों की जड़ है। उसके लिए लोग अक्सर ऐसा सोचते हैं। उसके बहुत सोचने पर उसे लोगों की लानत मिलती है। बहुत सोचना ग़लत है या न सोचना ग़लत है? सोचना उसकी आदत है, शायद इसीलिए वह दूसरों के बारे में भी बिना सोचे नहीं रह पाता। वह पाता है कि हर आदमी सोचता है। जो नहीं सोच पाता उसके सोचने को वह ख़तरनाक पाता है। उसने अक्सर पाया है कि ख़तरा उठाने वाले और ख़तरा पहुँचाने वाले लोग कम सोचते हैं। जो नहीं

सोचते वे दूसरों के लिए भी नहीं सोचते। कम सोचने का सबसे बड़ा लाभ यह है कि उससे किसी भी ज़्यादा सोचनेवाले को आसानी से हराया जा सकता है : ज़्यादा सोचनेवाला अगर सचमुच ही ज़्यादा सोचनेवाला है, तो वह कम सोचनेवाले से तुरन्त हार जाएगा! कम सोचनेवाले अक्सर उसे समझाते हैं कि ज़्यादा सोचने से दिमाग़ ख़राब हो जाता है। वह सोचता है कि दिमाग़ है तो ख़राब भी होगा।

आप भी सोच रहे होंगे कि भुवन यह सब क्यों सोच रहा है? है एक वजह : मान लीजिए कि वह बीमार है, या बीमार रहता है। मान इसलिए लीजिए कि लोग कहते हैं, वह बीमार नहीं है, सिर्फ़ सोचता है कि बीमार है। डेकार्ट्ज़ के मुहावरे में, ''क्योंकि मैं सोचता हूँ, इसलिए हूँ!'' एक बीमारी है, हाइपोकॉण्ड्रिया। अगर एक स्वस्थ आदमी अपने को बीमार समझने लगे, तो उसे इसी बीमारी का बीमार समझा जाता है। इसे वास्तविक बीमारी नहीं माना जाता, क्योंकि यह शारीरिक न होकर केवल मानसिक, बल्कि काल्पनिक होती है। यों, वह ऐसे भी मानसिक बीमारों को जानता है जो अपने को स्वस्थ समझते हैं। सोचने की बीमारी पुरानी है। लेडी मैकबेथ को थी, जिसका मर्म डॉक्टर से ज़्यादा मैकबैथ को मालूम था, ''इनकी बीमारी की जड़ इनके शरीर में नहीं, दिमाग़ में है : अगर इन्हें कोई ऐसी दवा दी जा सकती जो इनके मन में जमी हुई एक गहन वेदना को जड़ से उखाड़ फेंकती, इनके दिमाग़ पर लिखी हुई तक़लीफ़ों को मिटा सकती, उस घातक ज़हर को जो हृदय में घर कर गया है नष्ट कर सकती, तो ये तुरन्त ठीक हो जातीं।'' लेकिन डॉक्टर बेचारे की पहुँच तो शरीर तक ही होती है, दिमाग़ तक पहुँचनेवाली दवा तो कोई सोचनेवाला ही कर सकता था!

भुवन के एक मित्र उसे देखने आए हैं।

''क्यों भाई, क्या बात है?''

''कुछ नहीं—यों ही, ज़रा तबियत ठीक नहीं...''

"फिर भी..."

"ऐसे ही, ज़रा पेट गड़बड़ रहता है, हरारत रहती है, थकान ज़ल्दी हो जाती है..."

"अरे यार, यह भी कोई बीमारी हुई? इतने में इतना परेशान?... अच्छा, डॉक्टर क्या कहते हैं?"

"सब की राय अलग-अलग है। शरीर से गर्मी निकालने की हर डॉक्टर की अपनी हिकमत है..."

"जो बहुत-कुछ मरीज़ के जेब की ग़र्मी पर निर्भर करती है," मित्र ने व्यंग्य किया, "डॉक्टर की आमदनी और मरीज़ की बीमारी के बीच ख़तरनाक सम्बन्ध है। वे लोग सचमुच अभागे हैं जो बीमार पड़ने पर ठीक से अपना इलाज भी नहीं करा सकते, लेकिन शायद उनसे कहीं अधिक अभागे वे हैं जो अपना इलाज करा सकने लायक़ सम्पन्न हैं!" चलते समय उसके मित्र एक पते की बात कह गए, "कोई रोग लग जाय तो आदमी बच सकता है, डॉक्टर लग जाय तो बचना मुश्किल है!" दरवाज़े तक पहुँचते-पहुँचते फिर लौट पड़े; बोले, "मेरे ख़याल से तुम्हें कोई बीमारी नहीं, सिर्फ़ सोचने की बीमारी है।" भुवन ने कहा, "यह बात शायद आप बिना सोचे हुए कह रहे हैं!"

भुवन के एक और हितैषी उसे देखने आए हैं। हाल सुना, चुप रहे, फिर पूछा, "कुछ खाने में ज़्यादती की क्या?"

"नहीं।"

"पीने में?"

"मैं पीता नहीं : सिगरेट तक नहीं।"

अजीब मुसीबत थी ये बीमारी जिसकी कोई वजह ही नहीं समझ में आती थी! कोई कारण तो होना ही चाहिए बीमारी का, बीमार में ही। बीमारी है तो उसके दोष, उसके पाप, का भी पता मिलना चाहिए! लेकिन यह कैसा बीमार है जो निर्दोष बीमार है?

"यार तुम सोचते बहुत हो—यही तुम्हारी सब बीमारी की जड़ है!"

चलो, एक कारण तो मिला! भुगतने का कारण भुगतनेवाला ही हो तो दूसरे क्या करें, सिवाय सलाह देने के?

बचपन में जब कभी वह बीमार पड़ता था तो उसकी दादी कहती थीं, "लल्ला, तू पाँव-पर-पाँव रखकर सोता है इसीलिए बीमार रहता है। कहने से मानता ही नहीं।" दादी बात तो ठीक कहती थीं! वह सचमुच पाँव-पर-पाँव रखकर सोता है। अगर किसी तरह यह आदत छोड़ दे तो शायद ठीक हो जाए : लेकिन पाँव ऐसे ज़िद्दी कि दादी का कहा मानते ही नहीं। झुँझलाकर वह कहता, "दादी, सोचता हूँ कि एक टाँग कटवा दूँ। न रहे बाँस न बजे बाँसुरी। निरोग तो हो जाऊँगा, न सही एक टाँग।" दादी नाराज़ हो जातीं।

वह फिर सोचता है कि आख़िर दूसरे बेचारे भी क्या करें, क्या कहें? वह बीमारी से परेशान है, या परेशानी से बीमार है। उसका हर हितैषी उसके लिए परेशान होता है; लेकिन कोई परेशान भी कहाँ तक हो? सहानुभूति ही तो प्रकट कर सकता है। यह और बात है कि उसके सहानुभूति का तरीक़ा भुवन को सहानुभूतिपूर्ण न लगे! हो सकता है, यह भी उसकी विचित्र बीमारी का ही कारण हो, यानी उसके लिए भी वह या उसका सोचना दोषी हो!

उसके एक सम्बन्धी से, जिनका हाल उससे ठीक उल्टा है, लोगों को शिकायत है कि वे अपने बारे में कुछ सोचते ही नहीं। अच्छे-ख़ासे तन्दुरुस्त, स्वभाव से मस्तमौला, कुश्ती और डंड लगाने के शौक़ीन। वे भी भुवन को देखने आए। उसने देखा कि वे कुछ लँगड़ा रहे थे। बीमारी के बावजूद वह चौंककर उठ बैठा; पूछा, "यह क्या?"

"अरे कुछ नहीं, डॉक्टरों के चोंचले हैं। सबेरे छींक आई तो कमर से लेकर पाँव के अँगूठे तक की नस तन गई। मालिश करायी पर नस ठीक न हुई। डॉक्टर कहते हैं कि रीढ़ की हड्डी खिसक जाने से कोई नर्व दब रही है। पलस्तर चढ़ाना होगा—छः महीने तक हिलना-डुलना मना।" भुवन को चिन्तित देखकर फिर बोले,

"ऐसी-तैसी डॉक्टरों की। चित हो जानेवाले लोग दूसरे होते हैं : यहाँ तो चित कर देनेवालों में से हैं!" भुवन ने सहूलियत से समझाते हुए कहा कि यह स्वास्थ्य का मामला है, अखाड़ा नहीं, सोच-समझ से काम लेना चाहिए। लेकिन उन्होंने अपनी बाँहें कसते हुए कहा, "अच्छा, छोड़ो भी हमारी बात, अपना हाल बताओ..." उसने सकुचाते हुए अपना हाल बता दिया। वे ठहाका मारकर हँसे, "भई, कमाल हो तुम! ज़रा मेरी ओर देखो... और एक तुम हो..." सचमुच बड़े शर्म की बात थी।

"यार, तू सोचा न कर, सारी बीमारी की जड़ ये तेरा सोचना ही है," उन्होंने उसकी बीमारी की अन्तिम डायगनोसिस करते हुए कहा। और भुवन सोच रहा था कि इनकी बीमारी की जड़ भी कहीं-न-कहीं तो होगी ही। मिल गई! गम्भीरता से कहा, "मेरे ख़याल से ज़्यादा डंड और कुश्ती की वजह से तुम्हारी रीढ़ पर असाधारण ज़ोर पड़ता रहा है, जिसकी वजह से हड्डियों के बीच कुछ ढिलाव आ गया और वे जोड़ से खिसक..." थोड़ी देर के लिए वे चकरा गए । फिर न जाने क्या सोचकर बोले, "यार, तुम ग़ज़ब के सोचनेवाले हो जो मुझे भी सोच में डाल दिया! पहली बार सुन रहा हूँ कि कसरत भी नुक़सान कर सकती है!"

"क्यों नहीं कर सकती," उसने दृढ़ता से कहा, "किसी को अगर सोचना नुक़सान कर सकता है तो किसी को कसरत भी!" वे उसकी राय से सहमत नहीं। ख़ैर, जाने दीजिए। उसने अपना धर्म निबाह दिया। सहमति के लिए तो राय दी भी नहीं गई थी, सहानुभूति के लिए राय दी गई थी। फिर भी, उन्होंने डॉक्टरों की राय मान ली और आजकल पूर्ण विश्राम कर रहे हैं... शायद कसरत में भी अब पहले जैसी श्रद्धा नहीं।

बहरहाल, उसके हर दोस्त की यह नेक सलाह है कि अगर वह ठीक होना चाहता है तो उसे सोचने की आदत छोड़नी पड़ेगी। वह सोचता है कि इससे कहीं अच्छा होता कि उसमें सचमुच कोई अवगुण होता—शराब, सिगरेट या ऐसी ही कोई लत, जिसे दोषी

ठहराकर लोग सन्तुष्ट हो जाते और सोचने जैसी कुलीन चीज़ दोस्तों के बीच मुफ़्त में बदनाम होने से बच जाती! लेकिन मजबूरी है। लोग जिस चीज़ को भी बदनाम करना चाहेंगे उसे बदनाम होना पड़ेगा, चाहे वह सोचना जैसी चीज़ ही क्यों न हो। बदनाम होनेवाली चीज़ से बदनाम करनेवाले लोग बड़े हैं। अगर आप लोगों की सहानुभूति की परवाह करते हैं तो यह नहीं हो सकता कि आप उनकी समझ की परवाह न करें।

शायद मिर्ज़ा ग़ालिब भी सहानुभूति की इस बुनियादी शर्त को नज़रअन्दाज़ कर गए थे जो शिकायत कर बैठे :

ये कहाँ की दोस्ती है कि बने हैं दोस्त नासेह,
कोई चारासाज़ होता, कोई ग़मगुसार होता!

मुंशी जी

मुंशी रामबचन लाल, कैलाश के बाबा के साथ बैठकर शतरंज खेल चुके हैं—यह बात कैलाश को उस दिन मालूम हुई जिस दिन मुंशी जी अपने लड़के के दाख़िले के सिलसिले में उसके पास आए। बहुत सँभाल-सँभालकर वो एक-एक शब्द उसके सामने इस तरह रख रहे थे गोया कि हर शब्द उससे इजाज़त ले-लेकर कह रहे हों। घटिया बात को भी झाड़-पोंछ चमकाकर कुछ इस तरह पेश करते थे जैसे चालाक दुकानदार बरतन परखाते हैं, या जैसे घिसे हुए मदारी दाद की दवा बेचते हैं।

अदालतों में इस्तेमाल होने वीली उर्दू के चंद चुनिन्दा अलफ़ाज़ के ज़रिए मुंशी जी उसे यह समझाने की कोशिश कर रहे थे कि उनका लड़का आठवीं में दो बार फ़ेल ज़रूर हो चुका है लेकिन इसका ताल्लुक़ लड़के की ज़ेहनीयत से न होकर उसकी बदक़िस्मती से है। पढ़ने लिखने में निहायत तेज़ होते हुए भी वह दोनों बार ऐन सालाना इम्तेहान के वक़्त बीमार पड़ गया, वरना वो अपनी जमात में अव्वल आता। तरक्क़ी उसे फिर भी दी जानी चाहिए थी, लेकिन चूँकि प्रिंसिपल लड़के से किसी बात पर नाख़ुश थे इसलिए लड़के को पढ़ाने वाले मुदर्रिसों ने उसके दरख़्वास्त की सिफ़ारिश करना मुनासिब न समझा। अब इस बार जुलाई में उसके दाख़िले में बिलावजह दिक़्क़तें डाली जा रही हैं। चूँकि प्रिंसिपल साहब कैलाश के नज़दीकी दोस्तों में से हैं, लिहाज़ा अपने बाबा के शतरंजी मुलाक़ातियों का ख़्याल करते हुए, उसका फ़र्ज हो जाता था कि वह मुंशी रामबचन लाल के बरख़ुरदार रामखिलावन लाल के दाख़िले के सिलसिले में ज़रूरी दिलचस्पी ले।

मुंशी जी की बात से ज़्यादा बात की पालिश क़ाबिलेग़ौर थी। उसे कुछ देर और सुनने का लोभ कैलाश न रोक सका। बाबा से उनके पुराने परिचय के प्रति पूरा आदर दिखाते हुए उसने उस परिचय के लिए अपने को भी बधाई दी जिसका सौभाग्य उसे आज प्राप्त हुआ था। मन में सोचा, पुराने लोग भी ख़ूब चीज़ें चुनकर पास रखते थे कि उठते-बैठते चलते-फिरते भी मनबहलाव होता रहे। बूढ़े लतीफ़ मियाँ की याद आई—बाबा के यहाँ आया-जाया करते थे। क्या पुर-मज़ाक़ आदमी थे! सड़क से ही आदाब झुकाए बैठक में दाख़िल होते : हम छेड़ते, "क्यों लतीफ़ मियाँ—सब ठीक-ठाक? कब कूच कर रहे हैं?"

लतीफ़ मियाँ बाअदब सधा हुआ जवाब देते, "यह कौन कह सकता है हुज़ूर, कि पहले पुराने छप्पर में आग लगेगी या नए में?" कैसा ही बेतुका सवाल कीजिए मियाँ लतीफ़ से जवाब हमेशा माक़ूल और शिष्ट।

और सोचिए ज़रा लाला रामबचन लाल के साथ बैठकर शतरंज खेलने का सुख! उनसे कैलाश अपनी व्यस्तता के बावजूद थोड़ी देर और बातचीत करने का मौक़ा ढूँढ़ रहा था।

"लड़के से क्या करवाने का इरादा है, मुंशी जी?"

"चाहता तो हूँ कि वह मुंसिफ़ हो, आगे ईश्वर की मर्ज़ी। क़ुदरत के इरादों के आगे इन्सान के इरादों की औक़ात ही क्या, देखिए न, आठवाँ पास करने में ही कितनी दिक़्क़तें पड़ रही हैं! अक़्ल और मेहनत के बावजूद हालात क़ाबू से बाहर हैं। तक़दीर से तदबीर बराबर मात खाती चली जा रही है।"

सहसा कैलाश को लगा कि मुंशी जी के सुपुत्र के भविष्य से कहीं अधिक मुंशी जी का अपना अतीत रोचक हो सकता है। उनके वर्तमान के रास्ते उनके अतीत तक पहुँचने की ग़रज़ से उसने पूछा, "आप आजकल क्या कर रहे हैं?"

मुंशी जी को शायद ऐसा कुछ सन्देह हुआ कि कैलाश उनके वर्तमान की उनके लड़के के भविष्य से तुलना कर रहा है। उन्होंने उसे ग़ौर से, उस चश्मे के नीचे से एक बार—और एक बार ऊपर से—ऊपर से नीचे तक देखा, जो एक ओर कमानी और दूसरी ओर फ़ाइलें बाँधने के धागे से कान पर बँधा हुआ था, और उस ज़माने की याद दिलाता था जब मुंशी जी उसके बाबा के साथ बैठकर शतरंज खेले होंगे।

"देखिए, मेरा वक़्त दूसरा था। लड़का जिस ज़माने में..."

"न, न, मेरा यह मतलब नहीं था। आप कुछ ग़लत समझे," मैंने बीच ही में बात काटते हुए कहा, "मैं तो केवल आपकी मौजूदा ज़िन्दगी के बारे में पूछ रहा था, एक शुभचिन्तक की हैसियत से।"

मुंशी जी आश्वस्त हुए। शुक्रिया अदा करते हुए तथा अपनी ग़लतफ़हमी के लिए शर्मिन्दगी ज़ाहिर करते हुए उन्होंने अर्ज़ किया कि वे आजकल अदालत के सामने तख़्त डालकर बैठते हैं और स्टाम्प-पेपर बेचते हैं।

"उससे क्या आमदनी होती होगी!" कैलाश ने हमदर्दी से उस पेशे के सारे दुर्भाग्य को एक वाक्य में रखकर मुंशी जी के सामने पान की तरह बढ़ाया। मुंशी जी ने उसकी समझ की बुनियादी सहानुभूति से सन्तुष्ट होते हुए उसे स्वीकार किया, और अपनी मजबूर ज़िन्दगी की दर्दनाक तस्वीर उसके सुनते-सुनते कानों के सामने खींचकर रख दी।

"रिटायर्ड होने के पहले क्या करते थे मुंशी जी?"

"पटवारी था।" उन्होंने गर्व से उत्तर दिया, और उस छोटे-से उत्तर के सारे वज़न को एकाएक कैलाश के ऊपर छोड़कर वे इत्मिनान से उसका असर देखने लगे। यह सत्य कि मुंशी जी हमेशा स्टाम्प-पेपर ही नहीं बेचते थे बल्कि एक ऐसे सरकारी मुलाज़िम भी रह चुके हैं जिसके हाथ में खतियौनी जैसी ताक़त होती है, एक ऐसे अतीत की ओर संकेत करता था जिसमें मुंशी जी सैकड़ों गाँववालों के लिए किसी दबंग ज़मींदार से कम रोब-दाब नहीं रखते थे।

कैलाश ने मुंशी जी की आशाओं से कहीं अधिक प्रभावित होते हुए उनके अतीत गौरव पर महान आश्चर्य प्रकट किया, और यह भी ज़ोर देकर कहा कि उनका लड़का मुंसिफ़ क्या, चाहे सुप्रीम कोर्ट का जज हो जाय, लेकिन आज के युग में वह इतना प्रतापी कभी नहीं हो सकता जितना अतीत में मुंशी जी पटवारी होते हुए भी थे! असल में बात यह है कि भारतवर्ष, जैसा सब जानते हैं, एक कृषि-प्रधान देश है और असली ताक़त उसी के हाथ में होगी जिसके हाथ में न्याय नहीं, किसान होंगे!

मुंशी जी गर्व से फूल उठे—जैसे ख़िज़ाँ में बहार आई हो। उनको प्रसन्न देखकर उसने डरते-डरते ज़रा एक नाज़ुक सवाल पूछने की अनुमति चाही। मुंशी जी इस समय अत्यन्त उदारमना हो रहे थे, निःसंकोच प्रश्न पूछने के लिए प्रोत्साहित किया।

"वहाँ कैसी आमदनी थी?"

"अरे, पटवारी की भी तनख़्वाह तो कोई ख़ास होती नहीं। हाँ, इज्ज़त..."

"मैं तनख़्वाह नहीं, आमदनी की बात पूछ रहा हूँ।"

मुंशी जी एकदम चौकन्ने हो गए। सवाल में एक ख़तरनाक पैंतरा है, यह भाँपते मुंशी जी को देर न लगी। ऐसे न जाने कितने पैंतरों से मुंशी जी वाक़िफ़ रहे होंगे।

अतीत गौरव के सिंहासन से उतरकर मानो अदालत की कुर्सी के सामने हाथ उठाकर शपथ ले रहे हों, मुंशी जी बोले, "देखिए जनाब, मैं घूस के सख़्त ख़िलाफ़ हूँ। इसे इंसानियत के ख़िलाफ़

सबसे बड़ा जुर्म मानता हूँ। ईश्वर जानता है, मैंने आज तक किसी से एक पैसा नहीं माँगा। भगवान ने जो दिया उसी में ख़ुश रहा : और उसकी कृपा से आज तक कभी कमी महसूस नहीं की। मैंने कभी किसी को शिकायत का मौक़ा नहीं दिया। मेरे मातहत जो लोग रहे, उन्हें भी ख़ुश रखा और अपने हाकिमों को भी। एक बार गाँव के ज़मींदार साहब के मुख़तार रहमतअल्लाह मेरे पास हज़ार की थैली लेकर आए थे और घोटई पासी के खेत के सिलसिले में कुछ उलट-फेर कराना चाहते थे, लेकिन यह जानते हुए भी कि घोटई गाँव का सबसे बड़ा गुंडा और बदमाश है, मैंने उस तक के हक़ में वही फ़ैसला किया जो क़ानूनन जायज़ था, साथ ही आयन्दा के लिए रहमतअल्लाह को आगाह भी कर दिया कि ऐसी नामुनासिब हरकतों का नतीजा काफ़ी ख़तरनाक साबित हो सकता है। और आप मुझ पर शक कर रहें है... आपकी भी क्या ग़लती, यह जगह ही ऐसी है।''

''नहीं-नहीं, मुंशी जी, मेरा यह मतलब हरगिज़ नहीं कि हर पटवारी बेईमान ही होता है। मैंने सिर्फ़ आपकी माली तंगी का ख़याल करके ही यह सवाल पूछा था, बुरा न मानिएगा। अक्सर ऐसी ज़रूरतें आ पड़ती हैं कि न चाहते हुए भी आदमी को अपने उसूलों से डिगने पर मजबूर होना पड़ता है। आख़िर हम सब इन्सान ही हैं, भगवान तो हैं नहीं। हममें से कौन ऐसा है जो ईमानदारी से अपनी छाती पर हाथ रखकर कह सकता है कि वह अपने उसूलों से कभी नहीं डिगा। मैं तो समझता हूँ कि आदमी अगर सोलहों आना अपने उसूलों पर ही चलने की कोशिश करे तो या तो वह नहीं चल पाएगा, या यह दुनिया नहीं चल पाएगी। चाहे नौकरी-पेशा आदमी हो, चाहे व्यापार-पेशा, भाई, थोड़ी-बहुत बेईमानी तो जायज़ है, क्योंकि ज़रूरी है! क्या विलायत में बेईमानी नहीं होती? बड़े-बड़े देश हड़प जाते हैं और डकार नहीं लेते; आपस में चाहे एक-दूसरे का गला न काटें, आपस में तो चोर-डाकू भी एक दूसरे का गला नहीं काटते! हमारे देश की-सी ग़रीबी होती तब हम देखते कि वे कितनी ईमानदारी निभा पाते हैं...''

मुंशी जी कुछ पसीजे। कैलाश से बिलकुल सहमत थे और उसकी समझदारी के क़ायल हो चुके थे। उसे तो डर था कि मुंशी जी उसके क़ाबू से बाहर चले गए, पर बात ऐसी नहीं थी। ईमानदारी के प्रति उसकी ईमानदार बहस ने उन पर गहरा प्रभाव डाला। इतनी कम उम्र में ही दुनियादारी की इतनी पेचीदा बात समझ लेना, उनके ख़याल से कैलाश की तीव्र बुद्धि का द्योतक था—लेकिन अन्दर से मुंशी जी यह मानने को हरगिज़ तैयार नहीं थे कि उनकी बुद्धि से ज़्यादा तेज़ भी कोई बुद्धि हो सकती है!

कैलाश ने एक कोशिश और की। मुंशी जी की नाज़ुक भावनाओं का पूरा ध्यान रखते हुए पूछा, "फिर भी, मुंशी जी, रूपया, आठ आना... कभी-कभी... तो... कोई ऐसी ख़ास बात नहीं... अगर कोई ज़बरदस्ती... अपनी ख़ुशी से...?"

मुंशी जी धीरे-से मुस्कराये, मगर वाह मुंशी जी की खोपड़ी! बोले, "देखिए जनाब, जैसा कि मैं अभी अर्ज़ कर चुका हूँ, मैं उसूलन घूस के सख़्त ख़िलाफ़ हूँ, और उसूलों के मामले में मैं काफ़ी सख़्त आदमी हूँ; चाहे तकलीफ़ उठा ली मगर अपने दामन पर कभी दाग़ नहीं लगने दिया। कह दे कोई माई का लाल कि मैंने आज तक उससे घूस कभी माँगी।"

"मुंशी जी, मगर..." कैलाश ने लगभग दीन होते हुए, और यह मान लेते हुए कि वह उनकी होशियारी का पार नहीं पा सकता, उनकी ओर मिन्नत भरी नज़रों से देखा, मानो सचाई से निराश अब वह सचाई की भीख माँगने पर उतर आया था। मुंशी जी को भी शायद कुछ दया आई—

"लेकिन हाँ, अगर कोई बिल्कुल अपनी ख़ुशी से ज़बरदस्ती कभी कुछ दे ही गया तो मना करने की ऐसी ज़रूरत भी नहीं समझी, लेकिन जनाब, उसूलन मैं घूस के सख़्त ख़िलाफ़ हूँ।"

सम्भावनाएँ

"आप कुछ करते क्यों नहीं?"

अमन के उस बड़े हितैषी ने उसके ही हित में यह ज़ोरदार सवाल पेश किया जिसके पीछे, उनके ख़्याल से, सारे समाज का एकमत था, और अगर नहीं था तो होना चाहिये था। उन्हें पूरा भरोसा था कि अमन हरगिज़ उस सवाल का पार नहीं पा सकता। उनकी सुन्दर कन्या से वह बेहद प्यार करता था। उसको ध्यान में रखते हुए, वह ऐसा कोई जवाब देने की हिम्मत नहीं कर सकता था कि

उनका सवाल हार जाय और उन्हें उसकी बेकारी साबित करने में असुविधा हो।

'अमन कुछ नहीं करता' मान कर किया गया वह दुष्ट सवाल काफ़ी देर तक अमन के आसपास चक्कर काटता रहा और बिना किसी जवाब को जन्म दिए केवल सवालों को ही पैदा करता रहा। अमन सोच रहा था कि अगर सवाल यह होता कि आप ऐसा कुछ क्यों नहीं करते कि जिससे बजाय सवालों के पैसे भी पैदा हों, तो उनका सवाल अधिक अर्थपूर्ण होता, और रायसाहब को उसकी बेकारी साबित करने में आसानी होती। क्योंकि ज़ाहिर है तब वह यही कहता कि वह लिखता है, जो शायद लिखने का काम करने से भिन्न बात होती। यह सुनकर वे निश्चित रूप से यही पूछते कि 'उससे आप को क्या मिलता है?' इसके जवाब में उसका यह कहना कि 'उससे सन्तोष मिलता है', सारी बात को उस ग़रीब नतीजे पर पहुँचा देता जिस पर रायसाहब उसे पहुँचाना चाहते थे, अपनी लड़की को उसके बेहैसियत प्यार से बचाने के लिए। स्पष्टत: अमन के उस नादान जवाब के बाद अनुभवी रायसाहब का सवाल सुरसा की तरह मुँह फैलाता और उसे समूचा निगल जाता, "जनाब, इस तरह के काम से कैसे काम चलेगा? ऐसा कुछ करिये जिससे बराबर अच्छी आमदनी होती रहे।"

और तब वह, बिना किसी दूसरी बहस में पड़ने का साहस किए ही, धीरे से हार जाता। इस बात के बाद वह अपने प्रश्नकर्ता को कभी नहीं समझा सकता था कि उसके लिए यह ज़िन्दगी के प्रति बुनियादी ईमानदारी का सवाल है कि वह क्या करता है—सिर्फ़ काम चलने का नहीं। क्या करना उसका धर्म है, और क्या करना केवल कर्म—इनका सूक्ष्म अन्तर रायसाहब की व्यावहारिक बुद्धि को समझा सकना कठिन था। काम चले या न चले, अमन के लिए अपनी ज़िन्दगी को आढ़त की दुकान बना लेना सम्भव नहीं, जिससे बहुत पैसा बने।

लेकिन अमन ने उन्हें अभी कोई जवाब नहीं दिया। वे ऐसे बहुत-से लोगों के साथ उसके चारों तरफ़ बैठे हैं जिन्हें उसे

कुछ न करने के अपराध में, बिना उसकी सफ़ाई को समझे, तरह-तरह कि सज़ाएँ दे सकने की सुविधा है। वह सिर झुकाये किसी सज़ा देने क़ाबिल गुनहगार चीज़ की तरह उनके सामने बेकार बैठा है और उनके सवालों की हलाहल बदतमीज़ी को पी रहा है—बिना मरे।

अमन ने तय कर लिया है कि वह उन्हें कोई जवाब नहीं देगा। वह भी केवल सवाल करना चाहता है, उन्हीं की तरह, क्योंकि जवाब देने से कहीं अधिक आसान हुआ करता है सवाल करना।... लेकिन, वहाँ नहीं। वहाँ उसने सवाल करने का अधिकार रायसाहब की तरह कमाया नहीं। वहाँ उसकी बात कोई नहीं सुनेगा। उसको अभी एक ऐसी जगह पहुँचना होगा जहाँ उसकी बात सुनी जाएगी, उनकी नहीं। जहाँ उनके सवाल उनके या अमन के लिए कोई माने नहीं रखेंगे, मगर अमन के सवाल किसी के लिए भी माने रखेंगे। लेकिन फ़िलहाल, वह उनके सवाल का कोई जवाब नहीं दे सकता, न उनसे कोई सवाल करने का अधिकार रखता है। जवाब में वह शर्मिन्दा है, सिर झुकाये है, ताक़तवर इरादों की कामकाजी दुनिया में एक बेकार आदमी है जो कुछ नहीं करता—सवाल भी नहीं।

लेकिन अमन रायसाहब की लड़की को प्यार करता है, जिसका अधिकार उसे प्रकृति देती है, समाज नहीं, क्योंकि सामाजिक अधिकार रायसाहब के सवालों का उनके मनोनुकूल उत्तर दे सकने पर निर्भर है। प्रकृति व्यक्ति को व्यक्ति से केवल प्यार करने का अधिकार देती है। लेकिन समाज व्यक्ति को व्यक्ति पर अधिकार देता है—इसलिए, रायसाहब बड़े हैं और वह उनके सामने केवल अ-सामाजिक प्रकृति।

थोड़ी देर के लिए मान लीजिये यह दूसरी जगह है। अमन की जगह : जहाँ वह कभी होना चाहता है। वह सवाल कर रहा है, अपने हर सवाल करनेवाले से। लेकिन वह आरम्भ से नहीं अन्त से चलता है।

यहाँ की परिस्थितियाँ दूसरी हैं। अमन अगर चाहे तो रायसाहब की दुनिया की बिल्कुल परवाह न करे—वह दुनिया जिसकी परवाह करने के लिए वह कभी बुरी तरह विवश था। आज अमन एक दरिद्र दुनिया का कोई मजबूर आदमी नहीं, ऐसे शब्दों का बादशाह है जिनके द्वारा वह समय को संज्ञा दे सकता है : बिना फिर घटित हुए सिद्ध कर सकता है कि उस अतीत का भी उसके बिना कोई महत्त्व नहीं। क्योंकि वह रायसाहब की तरह केवल 'मैं' नहीं था, उस सब में भी जी रहा था, अभिव्यक्त हो रहा था, जो 'मैं' से बाहर है—लेकिन जो इतना सब होते हुए भी रायसाहब के लिए कुछ नहीं-सा था और यह जानते हुए कि आज रायसाहब कुछ नहीं हैं, वह उनसे जानना चाहता है कि उनकी तरह न जीकर उसने कितना जीवन खो दिया, उनकी तरह न रहकर कितने रहने से वंचित रहा, उनकी तरह न काम करके कितना नाकाम रहा?

धन और यश कमाने की कहानी, किसी पौराणिक कथा से भी अधिक रोमांचकारी है। रायसाहब वह कहानी एक बार फिर क्यों नहीं सुनाते? उसे कोई सुनता क्यों नहीं? इन झूठी काल्पनिक कहानियों में क्या रखा है?

लेकिन रायसाहब आज उस कथा में कोई दिलचस्पी लेते नहीं दिखाई देते। वे चुप हैं। अमन के सवाल उसकी दुनिया को पार कर उनकी दुनिया में गूँज रहे हैं, लेकिन वे चुप हैं—एक ऐसी चुप्पी में खोये हुए जहाँ उन्हें कोई नहीं ढूँढ पाता। उसकी ही तरह वे भी समय के बने हुए हैं। समय आज भी है, लेकिन रायसाहब वही नहीं हैं। या शायद वह समय नहीं है जिसमें वे थे। लेकिन अमन है, क्योंकि उसने जो सवाल किए थे वे आज भी माने रखते हैं, केवल कामचलाऊ सवाल नहीं किए। और क्योंकि उसने ऐसे सवाल किए इसलिए वे सब भी हैं जिनसे सवाल किए, और वह सब भी जिसकी अपेक्षा सवाल किए—रायसाहब भी, उनकी दुनिया भी, समय भी। समय है—आगे भी होगा—और लोग होंगे, उसी समय के बने जिसके हम बने हैं। यही एक आश्वासन है कि शायद हम फिर हों, फिर फिर होते रहें, जो कर रहे हैं होता रहे। अमन और रायसाहब के बीच उठे सवाल कभी समाप्त न हों चाहे सवाल करने

वाले समाप्त होते रहें। इसलिए वह हृदय से चाहता है कि रायसाहब उसके सवालों को सुनें और इस तरह उत्तर दें कि उनका उत्तर उनकी दुनिया से बाहर उसकी दुनिया में भी सुनाई पड़े।

लेकिन रायसाहब आज कोई उत्तर नहीं दे पाते। अमन उनकी ओर देखता है : वे एक जमी हुई इमारत हैं जो कुछ नहीं कहती। उस समय उन्हें उसके जवाबों में कोई रुचि नहीं थी, आज उसके प्रश्नों में नहीं है। उस दिन की ही तरह आज भी वह ही अपने आप को उत्तर देता है—अपने आप को सन्तुष्ट करता है।

उन लोगों ने जिन्होंने सिर्फ़ जीते रहने की कोशिश की, उन्होंने सिर्फ़ इसलिए काम किया क्योंकि वे जी रहे थे : जिनके लिए काम करना जीते रहने का सबूत था—सब कुछ था—और जो अपना जीते रहना काम के अतिरिक्त और किसी तरह सिद्ध नहीं कर सकते थे। लेकिन वे जो समाप्त नहीं हुए—मृत्यु से पहले ही चेत गए, और उस अलौकिक चेतना की तीखी अनिद्रा में जिये जो प्रतीक्षा है, जिज्ञासा है, सच है—वे समाप्त नहीं हुए, समय बन गए—वह समय जिसका भविष्य बनता है, अतीत नहीं।

लेकिन वह दूसरी जगह होगी जहाँ अमन कुछ पूछ सकेगा। यह दूसरी जगह है, रायसाहब की कामकाज वाली दुनिया जहाँ वह बेकार है, चुप है, शर्मिन्दा है। वह उनकी लड़की से प्यार करता है लेकिन उसे पा नहीं सकता। उसकी शर्तें दूसरी हुआ करती हैं जिसका प्रेम से कोई सम्बन्ध नहीं। जिस अदालत से चीज़ें प्राप्त की जाती हैं वहाँ से न तो प्रेम प्राप्त किया जा सकता है, न प्रेम की दलील लेकर रायसाहब की लड़की।

सहसा अमन का मन एक विचित्र पीड़ा से भर उठता है क्योंकि वह सचमुच उससे प्यार करता है और उसके लिए कुछ करना, कुछ कर दिखाना चाहता है। वह रायसाहब की लड़की के प्रति, और उन सब के प्रति जिन्हें वह प्यार करती है, अपने आप को एक नई तरह से ज़िम्मेदार महसूस करता है। अमन चाहता है कि वह उन सबके भी होने का कोई सुन्दर सबूत हो सकता।

लेकिन उन सब को साबित करने से पहले उसे स्वयं सिद्ध होना पड़ेगा। किसी सिद्ध निष्कर्ष में प्रतिफलित होना पड़ेगा। इस प्रकार घटित होना होगा कि उसका सारांश व्यर्थता नहीं सार्थकता का बोध कराये; उपेक्षणीय नहीं, स्पृहणीय हो। पूरी तरह पक चुकने के बाद जब अमन जीवन में प्रमाणित हो चुका होगा, मृत्यु दबे पाँव आकर उसको तोड़ लेगी—लेकिन तब तक जीवन उसे पा चुका होगा। उसके सम्पर्क में आए ये सब लोग उसके द्वारा कोई अक्षय अर्थ पा चुके होंगे—इस तरह कि भविष्य में इनका अन्याय भी स्वीकृत ही नहीं, उसकी अद्वितीय जीवनी का अनिवार्य अंग, मूल प्रेरणा मालूम देगा! लेकिन इसके लिए तो आत्मा में संवेदना और छटपटाहट चाहिये—वेदना और उसे सह सकने की सामर्थ्य।

अमन को किसी तरह अपने जीवन को झकझोरना होगा—क्या वह उसे अपने कर्म से एक असाधारण आशय दे सकता है।

राय साहब की लड़की की ओर से कुछ भी आशा करना व्यर्थ है। सम्भव है अमन के लिए उसका प्यार भी केवल एक भावुकता, या वासना, या एक दैनिक ज़रूरत—जिसके लिए भी उसी को कोई कारण बनना है। वह उसके लिए भी सोच सकता है और उसके बिना भी सोच सकता है : घटनाओं के पहले भी सोच सकता है और घटनाओं के बाद भी, तथा उन तमाम स्थितियों को सारमय बना सकता है जो बिना किसी के सोचे केवल नष्ट हो जाती हैं, या जीवित ही नहीं हो पातीं। क्या यह भी उसके ऊपर विशेष दैवी कृपा नहीं कि वह बहुत अभिमानिनी न होकर केवल ज़रा कम सुन्दर है? पर वे दोनों एक दूसरे से प्यार करते हैं।

अगर अमन साधारण है तो उसकी कोई ट्रैजिडी नहीं; उसकी कोई कहानी नहीं। वह अपनी प्रेमिका की जगह किसी और स्त्री को पा सकता है; रायसाहब अपनी लड़की को जिसे चाहें उसके हवाले कर दे सकते हैं। प्यार बिना कोई अर्थ पाये समाप्त हो जा सकता है। एक कहानी बिना कहानी हुए उसके साथ मर जा सकती है, या चाहे उस प्रेमिका के साथ—दोनों एक ही बात होगी।

लेकिन यदि अमन असाधारण है—समझता है कि वह असाधारण है, सब कुछ कर सकता है, तो उसके और उसकी प्रेमिका के लिए अनेक सम्भावनाएँ हैं... वे विशेष हो सकते हैं, प्यार के एक ऐसे सूत्र में बँध जा सकते हैं कि उसकी प्रेमिका को रायसाहब क्या समय भी उससे न छीन सके।

वॉरसॉ में ओल्गा

उस समय आधे से ज़्यादा वॉरसॉ केवल विध्वंस और टूटी इमारतों का जंगल था। सहमे हुए लोग जो युद्ध नहीं चाहते, जैसे न चाहने से हर न चाही जाने वाली चीज़ से छुटकारा मिल जाता है।

मैं गेटो के भग्नावशेषों को देख रहा हूँ। मेरे साथ एक जर्मन नवयुवक है। एक बहुत बड़े पोस्टर पर एक चित्र है जिसमें हाथ ऊपर किए, दीवार की ओर मुँह किए, तमाम यहूदी स्त्री, मर्द और बच्चे हैं जिन्हें जर्मन सिपाही गोली मार रहे हैं। जर्मन युवक बहुत विचलित और उदास है।

लड़ाई। कैसी लड़ाई! कहाँ हो रही थी, क्यों हो रही थी, किन आदमियों के बीच या किन देशों के बीच हो रही थी, इससे क्या मतलब! लड़ाई हो रही थी, सब उसमें शरीक थे—भौगोलिक दृष्टि से, ऐतिहासिक दृष्टि से, जैविक दृष्टि से...

यदि मैं कहूँ कि वह लड़ाई मेरे अन्दर हो रही थी तो क्या उसका महत्त्व कुछ कम हो जाता है। मैं एक मामूली आदमी हूँ, इसलिए मेरे अन्दर होने वाली लड़ाई भी मामूली कही जा सकती है, मेरे चारों ओर उस लड़ाई का असर भी मामूली होगा। लेकिन मान लीजिए मैं चंगेज़ हूँ, नेपोलियन हूँ या हिटलर। तब क्या मैं उसी लड़ाई को हज़ारों गुना बढ़ाकर अपने चारों ओर नहीं फैला दूँगा?

बच्चे। पाजी बच्चे। मुँह बिराते हुए बच्चे। झगड़ते हुए बच्चे। फुटबॉल हॉकी खेलते बच्चे। आकड़ते हुए बच्चे। पीटते हुए बच्चे। पिटते हुए बच्चे। रोते हुए बच्चे। क्या ऐसा नहीं हो सकता है कि सब बच्चे एक क़तार में खड़े हो जायँ बत्तखों की तरह और कोई किसी को चोंच न मारे।

मान लीजिए हमारे अन्दर कोई लड़ाई न हो, शान्ति हो... वैसी शान्ति जैसी बुद्ध या ईसा के अन्दर थी। मुझे उनके दर्शन में उतनी दिलचस्पी नहीं। मुझे दिलचस्पी है उस में जिस ढंग से उन्होंने अपने अन्दर शान्ति स्थापित की और फिर दूसरों को वह शान्ति बाँटना चाहा।

उफ़, कितना लोमहर्षक युद्ध था वह। मैं जो न उनका दोस्त न रिश्तेदार, न पड़ोसी, कुछ नहीं हूँ फिर भी मुझ पर वह ऐटम बम की तरह गिरा।

''उठो, जल्दी उठो...'' किसी ने आवाज़ दी। मैंने करवट लेते हुए पूछा, ''क्यों, क्या मुसीबत आई है?''

''बला की ख़ूबसूरत है यार... ओल्गा नाम बताती है...''

''ओल्गा? कौन ओल्गा? हटो, सोने दो...''

''भई, मैं क्या जानूँ कौन ओल्गा।''

ओल्गा? ओल्गा...। ओल्गा!

उफ़, कितना बड़ा मुर्ख हूँ मैं! कम्बल फेंककर रवि को धर पकड़ा "कहाँ, कहाँ है ओल्गा?"

अभी कल ही तो ओल्गा से मुलाकात हुई थी... वॉरसॉ की एक मशहूर सड़क पर, एक इमारत के सामने। सैकड़ों लड़के लड़कियाँ सड़क पर नाच रहे थे, मैं सड़क पार करने की कोशिश कर रहा था लेकिन हर बार कोई न कोई लड़की मुझे पकड़कर नाचने लगती थी और मैं फिर वहीं पहुँच जाता जहाँ से शुरू करता। अजीब मुश्किल थी। मैं लाख कहूँ कि मुझे नाचना नहीं आता, विदेशी तरह से बिल्कुल नहीं, लेकिन कौन सुनता था अपनी धुन में, या अगर सुनता भी था तो समझता कौन था। और तभी उस ने मुझे एक दूसरी लड़की से अलग करके अपनी बाहों में ले लिया था।

शुद्ध अंग्रेज़ी में बोली, "तुम तो सचमुच नाचना नहीं जानते... फिर यहाँ कैसे आ फँसे?"

"मेरी भूल। मेरा ख़्याल था कि मैं सड़क पार कर रहा हूँ, बॉल रूम नहीं!"

हँसी। कितनी प्यारी हँसी। जी चाहता था कि वह फिर हँसे और हँसती रहे। लेकिन हँसाने वाली बात हँसाकर समाप्त हो चुकी थी। बोली, "चलो मैं तुम्हें उस पार पहुँचा दूँ।"

"ओह, धन्यवाद।"

"लो, आ गए इस पार जहाँ पहुँचने के लिए तुम इतना परेशान थे। अब कहाँ जाओगे यहाँ से?"

"अब कहीं नहीं जाना चाहता यहाँ से, या वहीं कहीं जहाँ तुम पहुँचा सको।"

वह फिर हँसी, "तुम बहुत ढीठ मालूम पड़ते हो।"

"और तुम बहुत सुन्दर... यह मैं न कह पाता यदि तुमने मुझे ढीठ न कहा होता... "

"धन्यवाद। अच्छा अब मैं चलूँगी।"

कुछ दूर जाकर वह रुकी। उसने घूमकर देखा कि मैं अभी भी उसे देख रहा था... खोया-सा। कुछ सोचकर वह लौट पड़ी।

"तुम्हारा नाम क्या है?"

"..... । और तुम्हारा?"

"ओल्गा!"

"प्यारा नाम है। मुझे बहुत पसन्द आया।" वह मुस्करा दी। कुछ रुककर उसने पूछा, "कहाँ ठहरे हो? चलो पहुँचा दूँ।"

"कल भी पता भूल गया तो क्या इसी तरह पहुँचा दोगी।"

"हाँ पहुँचा दूँगी। नहीं तो कोई और पहुँचा देगा। या फिर अपने आप खोजते हुए पहुँच जाना!"

"हो सकता है भटकता ही रहूँ—रास्ते के बजाय तुम्हारी जैसी किसी घर पहुँचाने वाली की तलाश में।"

"ऐसा नहीं होगा" वह निश्चयात्मकता आज भी याद आती है। विदा होते समय उसने फिर मिलने का वादा किया था।

सबेरा होते ही कपड़े बदलकर हड़बड़ाता हुआ नीचे पहुँचा। देखकर ओल्गा मुस्कराई।

"क्या तुम्हारे देश में सब लोग नौ बजे सुबह तक सोते रहते हैं?"

"जो मैं करता हूँ मेरे देश में वही सब लोग नहीं करते।"

"और क्या-क्या तुम करते हो जो तुम्हारे देश में सब लोग नहीं करते?"

न जाने क्यों मैंने बिना झिझके कह डाला, "मैं कविता लिखता हूँ।"

सोचती हुई-सी ओल्गा गम्भीरता से बोली, "तो तुम कवि हो? कितना सच्चा लगता है यह शब्द तुम्हारे मुँह से जो अपने देश में मुझे केवल व्यंग्य लगता है।"

"क्यों?"

"न जाने क्यों। शायद यहाँ कवि होना ऐसे हर व्यक्ति का अपमान है जो कवि नहीं है! लेकिन, छोड़ो इन बातों को। कहाँ चलोगे?"

मुझे ठीक याद नहीं कि वह कौन-सी फ़िल्म थी। ओल्गा पास थी और फ़िल्म विदेशी भाषा में, इस कारण चित्र में और भी कम रुचि ले सका। उसकी नर्म, अवस्त्र बाहों का स्पर्श मादक था, और उसके सुनहरे केशों की एक भीनी महक मेरे अन्दर बस गई थी।

हॉल से जब हम बाहर निकले शाम हो चुकी थी। आसमान कितना साफ़ था... ओल्गा की निष्कपट आँखों की तरह। हम दोनों चुपचाप फुटपाथ पर चल रहे थे। ओल्गा कुछ सोच रही थी... शायद फ़िल्म के बारे में... शायद हमारे बारे में?

"तुम अभी कितने दिन और वॉरसॉ में रहोगे?"

"लगभग दस दिन।"

"बस? उसके बाद?"

"मॉस्को जाऊँगा, फिर चीन, फिर अपने देश वापस।"

क्या ओल्गा उदास हो गई थी? वह मानो कहना कुछ और चाहती थी मगर पूछा कुछ और, "वॉरसॉ नगर देखा?"

"देख रहा हूँ। मैं वॉरसॉ नगर को देखने की सैलानी हड़बड़ी में नहीं हूँ। मैंने तुम्हारे शहर को अपनी संवेदनाओं के प्रति बिल्कुल खुली छूट दे रखी है—और फ़िलहाल इतना ही कह सकता हूँ कि वह बहुत सुन्दर लग रहा है।"

विध्वंस इमारतों की ओर इशारा करते हुए उसने पूछा, "इस सब के बावजूद?"

"इस सब का ताल्लुक़ शहर की सुन्दरता से नहीं, उस बर्बरता से है जिसका यह नगर कभी शिकार हुआ था।"

"लेकिन उस पर गड़े हुए ये वहशी पंजों के निशान, ख़ूनी दाँतों के घाव—क्या इसे कुरूप नहीं बनाते?"

"हाँ अगर एक नगर को केवल ऊपर से देखा जाय। मैं किसी भी नगर को इस तरह नहीं देखता, न इस समय तुम्हारे नगर को ही इस तरह देख रहा हूँ..."

"किस तरह देख रहे हो?" ओल्गा के कुतूहल में एक हल्की-सी शरारत भी थी जो शायद उस समय मेरे नगर की ओर नहीं उसकी ओर देखते रहने के जवाब में थी।

"फ़िलहाल इस सारे नगर को तुम्हारे आकर्षण के साथ शामिल करके देख रहा हूँ, नाज़ियों के अत्याचार के इतिहास के साथ नहीं।"

"हमारा साथ कितने दिन और होगा!"

"लेकिन अभी आगे की बात क्यों सोची जाय। ये दिन जो अकस्मात् मिल गए हैं उन्हें जी भरकर जीना चाहता हूँ। उसके बाद

जो होगा वह हमारे इन अमूल्य दस दिनों को आज ही क्यों ले ले? शायद दस दिनों में हम एक दूसरे से ऊब ही जायँ!... तब विदाई क्या एक वांछनीय घटना न होगी? हमारा साथ रहना विदाई से भी अधिक असह्य हो जा सकता है, वैसे ही जैसे जीवन कभी-कभी मृत्यु से भी अधिक अप्रिय।"

"क्या तुम्हें मानव हृदय की सचाई में विश्वास नहीं?"

"विश्वास भी है, सन्देह भी : इसीलिए यह सब कह रहा हूँ। प्यार ही नहीं घृणा भी मानव हृदय की सचाई है जिसे मानकर ही जीवन को अर्थ दिया जाना चाहिए।"

"शायद मुझे तुमसे असहमत होने का अधिकार है : शायद अविश्वास के लिए गुंजाइश भी...", ओल्गा के माथे पर बल पड़ गए थे।

"ठहरो ओल्गा, इतनी जल्दी मेरी बातों को सिद्ध करना ज़रूरी नहीं। सम्भव है, कभी ज़रूरी न हो। एक दूसरे को, एक दूसरे की परिस्थिति को ठीक से समझना ज़रूरी है, वरना प्यार या घृणा दोनों ही तमाशा बनकर रह जाएँगे। समस्या वास्तव में इन भावनाओं की नहीं है... इनसे तो आदमी हज़ारों साल से खेलता आया है... आज समस्या है इन्हें इनके सही सन्दर्भ में समझ सकने की..."

"सुनो, मेरे ख़्याल से पहले यह तय हो जाय कि ये दस दिन हम किस तरह गुज़ारने जा रहे हैं... प्यार करने में, या प्यार को समझने में?"

"जहाँ तक हम दो का सवाल है... दोनों में!" और हम दोनों हँस पड़े।

प्यार! प्यार की किसने सोची थी। प्यार की बात कैसे आ गई बीच में। एक साधारण-सा परिचय। दोनों विदेशी। दोनों हर तरह से एक दूसरे से हज़ारों मील दूर। सिर्फ़ दस दिन यहाँ। फिर मैं कहाँ, ओल्गा कहाँ। प्यार? असम्भव। प्यार? मूर्खता। बिल्कुल तमाशा। हो ही नहीं सकता। यह लड़की मेरी कोई नहीं—मैं विदेशी हूँ, बाहरी हूँ इसके लिए। इसे चाहिये कि मुझ पर अविश्वास करे, मुझे लोलुप, आवारा, लापरवाह, मतलबी या ऐसी ही कोई चीज़ मानकर मुझसे दूर हो जाय और दस दिन तक मुझसे बिल्कुल दूर रहे। प्यार, हरगिज़ नहीं। यह पागलपन है।

हम अब तक उस गिरजाघर के पास आ गए थे जहाँ से हमें अलग होना था।

"कल यहीं मिलोगे न?"

"नहीं ओल्गा, कल नहीं मिल सकूँगा।"

"अच्छा, परसों?"

"नहीं परसों भी नहीं... कभी नहीं..." मैंने निराश होते हुए कहा : मानो यह जानते हुए कि मैं बिल्कुल बेकार बातें कर रहा हूँ।

"क्यों नहीं मिलोगे? अच्छा अब मैं कुछ नहीं कहूँगी। मैं तुम्हारी सब बहस स्वीकार करती हूँ। कल, यहीं, ज़रूर..." और उसने बढ़कर मेरे ओठों को चूम लिया।

उफ़, पागल। नासमझ। लेकिन... कितनी मधुर : कितना निष्कपट भोलापन। पता नहीं वह लड़की धोखा खा रही है, या धोखा दे रही है। कुछ भी हो, देखा जाएगा। अमूल्य, अविश्वसनीय दस दिन।

आज बूँदाबाँदी है। मैंने छाता खोलकर ओल्गा को भी छाँव में ले लिया है। दोनों चुपचाप चल रहे हैं।

एकाएक, "अरे तुम तो छाता मेरे ही ऊपर किए हुए हो, ख़ुद भीग रहे हो।"

"भीग भी जाने दो। बहुत तो बच चुका हूँ, थोड़ा तुम्हारे बहाने भीग लूँ।"

"नहीं, नहीं, ठंड खा जाओगे।"

"तो ज़रा और समीप होकर चलो।"

एक कोमल हँसी। व्यावहारिक नहीं—सच्ची।

"किसी पेड़ की छाँव में ठहर क्यों न जायँ थोड़ी देर?"

"अवश्य।"

एक छाते के नीचे दो गर्म निकटताएँ—धरती पर नहीं, बादलों में। बाहों पर काँपती उँगलियों का स्नेह-स्पर्श। एक निकटता जिसमें फूलों की महक है, एक दृष्टि जिसमें तारे।

"यह वर्षा जाने कब थमे?" एक चिन्तित स्वर।

"यह वर्षा न जाने कब थम जाए?" दूसरा चिन्तित स्वर।

एक सम्मिलित हँसी। सहसा मैं उसके मुस्कराते हुए गीले ओठों को चूम लेता हूँ। वह एकदम गम्भीर हो जाती है।

आज ओल्गा अकेली नहीं है और यह शाम केवल हम दो की न होकर चार चेहरों की शाम है। हल्की-सी ठंडक। रेस्ट्राँ का एक हिस्सा खुले में, सड़क के किनारे : अपेक्षाकृत रेस्ट्राँ की भीड़ से अलग पर सड़क की भीड़ के निकट। ओल्गा सूर्यास्त की ओर मुँह किए बैठी है... उसके चेहरे की स्वस्थ लालिमा को डूबते सूर्य ने हलकोर दिया है। एक सुर्ख गुलाब... हँसता है, बात करता है : मैं उसकी महकती ताज़गी में खोया-सा हूँ। चेहरे पर बार-बार उड़ जाते हुए सुनहरे बालों को एक हाथ से संवारते हुए ओल्गा संक्षिप्त परिचय कराती है... "जोज़ेफ़, एलिना। हम एक ही यूनिवर्सिटी में हैं।"

"प्रसन्नता हुई आपसे मिल कर।"

जोज़ेफ़। मैं उसके चेहरे को कुछ देर ध्यान से देखता हूँ... जितनी देर किसी को देखना असभ्य नहीं कहा जा सकता। एकाएक उसके बारे में कुछ राय बना सकना कठिन है। यूँ भी, जहाँ तक विदेशी चेहरों का सवाल है, स्त्रियों की अपेक्षा मुझे पुरुषों के चेहरे हमेशा कुछ अधिक जटिल लगे। शायद कुछ लोगों का अनुभव इसके विपरीत हो, लेकिन मैं जितनी आसानी से एक स्त्री के व्यक्तित्व को पढ़ सका उतनी आसानी से पुरुषों को नहीं। इसका कारण यह भी हो सकता है कि स्वयं पुरुष होने के नाते पुरुषों में वैसी जिज्ञासा न रही हो जैसी स्त्रियों में रहना स्वाभाविक है। शायद जोज़ेफ़ ने भी इसे लक्षित किया कि मैंने एलिना की ओर उतनी देर भी नहीं देखा जितनी देर उसकी ओर, पर एलिना से हाथ मिलाते समय मैं अधिक दृढ़ था। मेरे पूछने पर एलिना ने बताया कि वह भाषा-विज्ञान की विद्यार्थी है... जोज़ेफ़ वास्तुकला का अध्ययन कर रहा था। न जाने क्यों मुझे लगा कि जोज़ेफ़ और एलिना अच्छे मित्र हो सकते हैं पर प्रेमी नहीं! मुझे विश्वास है कि ऐसा मैंने उनके विषय वैविध्य के कारण नहीं सोचा : रुचियों को लेकर इतना ऊपरी निष्कर्ष निकालना मेरे स्वभाव के विरुद्ध है। मुझे विश्वास

था कि जोज़ेफ़ और एलिना के बारे में मेरा अनुमान सही है, पर उस अनुमान का कारण वस्तुस्थिति के स्थूल अध्ययन से कहीं गहरा है। न जाने क्यों कुछ विचलित होकर मैंने सहसा ओल्गा की ओर देखा। अन्दर ही अन्दर कुछ खीज अनुभव की : ओल्गा के चहेरे पर कुछ ऐसा भाव होना चाहिए था जो या तो मेरे भय को पुष्ट करता या मेरे सुख को। वह चुपचाप सिर झुकाए ठंडी चाय में भीगे नीबू की फाँकों को स्ट्रॉ से धीरे-धीरे दबा रही थी। उसके चेहरे पर कोई ऐसा भाव न था जिसकी वांछित या अवांछित व्याख्या हो सके। एक क्षण के लिए मुझे ऐसा लगा कि उन तीनों के बीच में ज़बरदस्ती सम्मिलित कर लिया गया हूँ और उस शाम के अतिरिक्त ऐसा कुछ नहीं है जिससे मैं अपने को घनिष्ठ मान सकता हूँ। तभी एलिना ने पूछा, "ओल्गा कहती थी आप कवि हैं। यहाँ किन साहित्यकारों और कवियों से आप मिले?"

"अभी तक तो किसी से नहीं। एक कठिनाई है, भाषा की... वह तभी दूर हो सकती है जब मेरी भेंट यहाँ किसी ऐसे अंग्रेज़ी भाषी साहित्यकार से हो जाय जिसके द्वारा मैं और लोगों के सम्पर्क में आ सकूँ।"

"इस मामले में मैं आपकी कुछ मदद कर सकती हूँ। आपका परिचय अपने प्रोफ़ेसर से करा दूँगी... उनके द्वारा आप यहाँ के प्रमुख साहित्यकारों से आसानी से मिल सकेंगे।"

"धन्यवाद। यह तो बहुत अच्छा होगा। मैं सचमुच आपका बहुत कृतज्ञ होऊँगा।"

हवा में एक सुखद ठंडक थी। विस्चुला के किनारे वाले पार्क में जाते हुए ओल्गा ने कहा, "मुझे नौ बजे तक हर हालत में उरसुस पहुँच जाना है।"

"मैं तुम्हें रोकूँगा नहीं : पर अभी से उसकी चिन्ता क्यों?"

ओल्गा कुछ नहीं बोली, चुपचाप मेरी बाँह से सटकर चलती रही। अँधेरा अभी इतना गहरा नहीं हुआ था कि बेंचों पर या लॉन पर बैठे लोग दिखाई न दें। अधिकतर बेंचें घिरी हुई थीं, केवल एक पर

जगह थी, लेकिन बिल्कुल ख़ाली वह भी न थी। एक अधेड़ युवक किसी स्त्री के साथ सटकर एक कोने पर बैठा था। स्त्री का चेहरा साफ़ नहीं दिखाई दे रहा था, पर मुझे लगा कि वह कभी सुन्दर रही होगी : उस समय उसका चेहरा अँधेरे में छायाभ लग रहा था। हमारे बैठने से उनके लिए कोई अन्तर नहीं पड़ा। मुझे कुछ अजीब ज़रूर लगा, पर ओल्गा उन दोनों की ही तरह बिना उनकी चिन्ता किए मेरे बग़ल में बैठी रही। हम दोनों बिना उन दोनों की ओर देखे भी अनुभव कर सके कि वे एक दूसरे को चूम रहे हैं। मैंने ओल्गा की ओर देखा, वह हँस दी। मैंने कुछ अजीब-सी झिझक अनुभव की, "चलो, वहाँ लॉन पर बैठेंगे। वहाँ भीड़ नहीं है।"

"चलो, पर भीड़ तो यहाँ भी नहीं है : केवल दो प्रेमी हैं..."

"तो हम... जो प्रेमी नहीं हैं... उनके लिए भीड़ हो सकते हैं।"

ओल्गा कुछ नहीं बोली पर मैंने अनुभव किया कि वह मेरे अधिक निकट खिसक आई थी।

ओल्गा एक पेड़ की टेक लगाकर बैठ गई : मैंने कुहनी के बल उसके पास आधे लेटते हुए कहा, "एलिना ने कल के लिए मेरा अपॉइन्टमेंट अपने प्रोफ़ेसर से लिया है।"

दस दिन, केवल दस दिन।

दस दिन कम नहीं होते।

हो सकता है ज़िन्दगी इससे भी पहले धोखा दे जाय।

ओल्गा में वह सामर्थ्य थी शायद कि वह इन दस दिनों को एक सम्पूर्ण जीवन की तरह जीकर दिखा दे... यही शायद उसका प्रमुख आकर्षण था कि वह जीवन को उन आधारों पर नहीं जीती थी जो जीवन को कोई लम्बी स्थाई चीज़ मानते हों। उसके साथ जीना अगर ट्रैजिडी हो सकती थी तो उसी हालत में जब जीवन को स्थाई भावनाओं वाली चीज़ मानकर जीने का आग्रह हो।

मैं धूप में खिली एक गुलाबी हँसी को अंक में भरकर ढिठाई से चूम लेता हूँ। वह और भी गुलाबी हो जाती है। बनावटी गुस्से से पूछती है, "यह क्या?"

"ओल्गा, क्या यह स्पष्ट नहीं है।"

"इतना स्पष्ट! सड़क पर दिन में! सब के बीच!"

"मैंने सुना था तुम्हारे देश में प्यार इतना ही स्पष्ट है... इतना ही बेझिझक और दो टूक!"

"तुमने ग़लत सुना था" वह गम्भीर हो जाती है, "ऐसा वह कहीं भी नहीं हो पाता... होना चाहता है हर जगह... पर हो नहीं पाता। मेरा शहर वॉरसॉवा... देख रहे हो इसकी हालत। तुम्हारे ख़्याल से यह बेरोक प्यार का नतीजा है : या बेरोक नफ़रत का?"

"मैं शहर की बात नहीं कर रहा... इन्सानों की बात कर रहा हूँ..."

"मैं भी उन्हीं की बात कर रही हूँ।"

वह ज़रूरत से ज़्यादा गम्भीर हो गई। मैं उसके शहर में फिर अकेला रह गया हूँ। एक तहस-नहस गिरजाघर दिखाते हुए वह बोली, "लड़ाई के पहले उसे देखते... बहुत सुन्दर था!"

"अब भी बहुत सुन्दर है... तुम्हारी आँखों में। ये चीजें नष्ट नहीं की जा सकतीं... दूर पड़ती चली जाती हैं नए की अपेक्षा... और बहुत दूर पर देखने में बहुत सुन्दर लगती हैं। ये कहीं न कहीं हमारे अन्दर की दुनिया में ज़िन्दा रहती हैं, हमारी उदात्त या रहस्य भावनाओं में। जीवित रहेंगी मुझमें भी, तुम्हारी आँखें—उन आँखों में हमारा यह सब कुछ जिसे हम आज प्यार का नाम दे रहे हैं।"

मैंने देखा ओल्गा बहुत उदास हो गई थी, शायद उसकी आँखों में आँसू भी थे। मैंने उसे अपनी बाँहों में भरते हुए कहा, "ओल्गा मेरी याद में यह नगर, जिसे तुम्हारा स्नेह इतना सभ्य बनाता है, अगर नाज़ियों के फूहड़ अत्याचारों और दंभी राजनीतिज्ञों के इतिहास से न शुरू होकर हमारे अकस्मात् एक साधारण सड़क पर मिलने, विस्चुला के किनारे घूमने, कॉपरनिकस की इस प्रतिमा के पास बैठने और उरसुस के एक छोटे-से गाँव के एक छोटे-से घर तक सीमित रहे तो मुझे स्वीकार है।"

स्वदेश लौटने के कुछ वर्षों बाद तक हमारे बीच पत्राचार होता रहा। अचानक एक पत्र में उसने सूचना दी कि उसने विवाह कर लिया है

और वह पति के साथ विदेश में कहीं बसने की योजना बना रही है। बात इतनी सपाट ढंग से कही गई थी कि मुझे एक धक्का-सा लगा। सोचता हूँ कोई भी कहानी पूरी नहीं होती। कहीं से शुरू और कहीं समाप्त हो जाती है—ज़िन्दगी की तरह।

कुछ वर्षों बाद जब मैं वॉरसॉ गया तो ओल्गा के छोटे-से गाँव भी गया। वहाँ एक बहुत बड़ी ट्रैक्टर की फ़ैक्ट्री लग चुकी थी। गाँव और लोगों का जीवन बिल्कुल बदल गया था। वॉरसॉ भी बदल चुका था और अब वहाँ एक नया शहर, नए लोग दिखाई दे रहे थे। इस अदम्य जिजीविषा में भी एक अपराजेय सुन्दरता और आशा थी।

कहानी की खोज

एक बार एक कहानी ने मुझे अचानक ही खोज लिया। मैं किसी कहानी का विषय बनने के लिए बिल्कुल तैयार न था। मैं उससे भागने लगा तो वह मेरे पीछे पड़ गई और कहने लगी, ''मैं कोई ऐसी-वैसी नहीं, प्रेम-कहानी हूँ!''

''ठीक है,'' मैंने कहा, ''प्रेम कहानियाँ कोई नई बात नहीं, मारी-मारी फिरती हैं। घर-घर में आए दिन उनके चर्चे-चरखे चलते रहते हैं।''

वह उठ कर, या शायद रूठ कर, जाने लगी। बाहर तेज़ बारिश हो रही थी। वह सामने की कुर्सी

पर बैठ गई। लैम्प की तेज़ रोशनी में पहली बार उसका चेहरा मुझे ठीक से दिखा। पता नहीं क्या था जिसने मुझे उसकी ओर इतना आकर्षित किया? कैसा मूर्ख हूँ, मैंने सोचा। घर आए ऐसे मेहमान का निरादर किया। वह ग़ौर से मुझे देख रही थी, बिना पलकें झपकाए। शायद वह मुझे नहीं, मुझमें किसी सम्भावना को देख रही थी। इस तरह देखा जाना मेरी एक नई शुरुआत थी। मैं जहाँ था वहीं ख़त्म हो गया—एक प्राक्कथन की तरह। आगे उसने मुझे अपनी तरह से लिखना शुरू कर दिया।

सबसे पहले उसने मेरे लिए एक घटना चुनी। मैंने आपत्ति की, "यह पुरानी घटना है। लैला मजनूँ से उठायी गई। मैं इस ज़माने में मजनूँ बनने को तैयार नहीं। मध्ययुग की बात और थी। दूसरे, यह लैला मुझे पसन्द नहीं। दिमाग़ से बिल्कुल बच्ची है, और आज का जीवन बेहद जटिल है।"

लेकिन दिल के मामले में अक़्ल की नहीं चलती, जैसे अक़्ल के मामले में दिल की कौन सुनता है। वह रोने लगी तो मेरा दिल पिघल गया। उसे दिल से लगाकर चुप कराने लगा। यह बेवकूफ़ी थी जो एक घटना में बदल गई।

"बेवकूफ़ी सही, है तो तुम्हारी", उसने कहा। मैं इन्कार न कर सका।

यह पहले की बात है। हज़ारों या सैंकड़ों साल पहले की नहीं, कुछ समय पहले की। पर, इससे क्या फ़र्क़ पड़ता है। जो बातें स्मृति में बस गईं, उनका केवल अतीत और भविष्य होता है। कितनी अजीब बात है कि जीवन में कुछ ऐसा भी हो सकता है जिसका वर्तमान न हो, और वह अतीत और भविष्य में फिर भी ज़िन्दा रहने की शक्ति रखता हो।

पर सोचिए आपको कैसा लगेगा अगर वह एक दिन अतीत से उठकर आपके वर्तमान में लौट आए और आपके भविष्य को जीना चाहे? यही हुआ। पर उसमें सारा दोष उसका ही नहीं। मैं भी कई दिनों से उसके बारें में सोच रहा था—इतना ज़्यादा सोच रहा था कि

कोई आश्चर्य नहीं मेरा यह सोचना उस तक जा पहुँचा हो, और हम दोनों की स्मृतियों के बीच कहीं एक नि:शब्द बेचैनी का संवाद-सा स्थापित हो गया हो।

"हम दोनों अभी जीवित हैं एक दूसरे की यादों में", ऐसा कुछ हमें सुनायी पड़ा था शायद। सब से पहले मेरा ध्यान उस विचित्र संवाद-शैली पर गया, जिसमें हम दोनों एक साथ एक ही बात बोलते थे, और बात का एक ही अर्थ निकालते थे। शायद ऐसा ही तब भी हुआ होगा जब हम पहली बार मिले थे।

"अब हम कहानी नहीं, एक यथार्थ हैं।"

"प्रेम का यथार्थ से कोई सम्बन्ध नहीं रहता। प्रेम यथार्थ को झुठलाता है, और इसी में उसका अस्तित्व है। लेकिन इस झुठलाने से वह स्वयं झूठ नहीं हो जाता, जैसे सपना झूठ हो सकता है, पर स्वप्न देखना झूठ नहीं है—वह जीवन का हिस्सा है।"

"तुम्हारी इसी तरह की बातें हैं जो मेरे बिल्कुल समझ में नहीं आतीं..."

अचानक ही वह संवाद 'तुम' और 'मैं' में विभाजित हो गया था—प्रेम के एकतरफ़ा आग्रह को खंडित करता हुआ। पर वह मेरे कहीं पास ही खड़ी थी—ऐसा भी लगा।

न जाने क्या सोचकर मैंने फ़ोन मिलाया। वह घर पर ही थी। इतने वर्षों बाद मेरी आवाज़ सुनकर उसे शायद आश्चर्य हुआ। मुझे भी आश्चर्य हुआ कि इतने वर्षों बाद भी वह मेरी आवाज़ को तुरन्त पहचान गई। पर उसकी आवाज़ में कोई उत्साह न था, एक बुझी-सी उदासीनता, या शायद फीकापन था। मुझे मालूम था कि उसके पति की कुछ वर्षों पहले मृत्यु हो चुकी थी और उसके दो बेटों और एक बेटी के विवाह हो चुके थे। बड़ा बेटा विदेश में था और वह अपने छोटे बेटे के साथ रह रही थी। बहू से बहुत नहीं पटती, यह भी उड़ती-उड़ती सी ख़बर कानों में पड़ी थी कभी।

"मिलना चाहता हूँ।" मैंने कहा। वह चुप रही। मैंने बात को दुहराया। वह मान गई।

देखा वह बिल्कुल बदल गई थी नितान्त पारम्परिक ढंग से। बाल सफ़ेद, चेहरे पर झुर्रियाँ—शायद क़द भी पहले से सिकुड़कर कुछ छोटा हो गया लगा, और वे सुन्दर दाँत... ख़ैर छोड़िये। यह सब तो होना ही था।

उसने एक नज़र मुझे देखा और मानो अन्दर ही अन्दर चौंक पड़ी, "अरे! कितने बदल गए हैं... आप!"

एक बार मुझे लगा कि शायद हम फिर एकार्थी संवाद शैली की ओर लौट रहे हैं। यह मेरा भ्रम था—हमारे बीच 'आप' जो आ गया था!

कमरे

इस कहानी का कोई अन्त नहीं, क्योंकि यह एक ऐसे मध्य से शुरू होती है जो हमें एक दूसरे मध्य तक ही ले जा पाती है। पहली घटना—एक विस्फोट—कुछ नहीं को चौंकाता हुआ। एक बेहद गहरी नींद सो रही चेतना को जगाता हुआ।

मैं चौंककर उठ बैठा। समझ नहीं पा रहा था कि वह धमाका मेरे पास ही कहीं हुआ था, या कहीं दूर लाखों बरस पहले ब्रह्मांड में। हाथ बढ़ाकर सिरहाने का लैम्प जलाया। अँधेरा हटा तो 'पास' 'दूर' का भ्रम भी हटा। मैं एक ऐसे कमरे में था जिसे मैंने

पहले भी कभी देखा था। एक साथ कुछ विचार मन में उठे—'मैं कहाँ था', 'मैं यहाँ कैसे आया?' मैं कहाँ था, इसकी कोई याद मेरे मन में नहीं थी। कहाँ जाना है, इसका भी कोई आभास नहीं मिल रहा था।

मैं हूँ, और एक कमरे में हूँ—इससे अधिक कोई दूसरा संकेत मुझे नहीं मिल रहा था। क्या करना है, कहाँ जाना है... जैसी तमाम जिज्ञासाएँ थीं जिनके सारे उत्तर मुझे ही देने थे।

पलंग से नीचे उतरकर अपने दो पाँवों पर खड़े होते हुए मैंने महसूस किया कि मैं 'मैं' हूँ। चलकर खिड़की तक गया। खिड़की खोली। बाहर अँधेरा था और तारे थे जो अँधेरे को कम अँधेरा बना रहे थे। एक तारा दूसरों से कुछ ज़्यादा चमक रहा था, शायद इसीलिए वह मेरे कुछ ज़्यादा नज़दीक लग रहा था।

बग़ल के कमरे से खाँसने की आवाज़ आई। ओह! तो एक कमरा और भी था, और उसमें, मेरी ही तरह, कोई और भी...!

धीरे से दरवाज़े को खोला। माँ थीं। न जाने कब से जाग रही थीं। उनके बग़ल में जाकर बैठ गया। फिर पूछा—"तुम कब आईं?"

उन्होंने अजीब तरह से मेरी ओर देखकर कहा—"अरे, मैं तो यहीं थी, जब तुम कल देर रात से आए...!"

मुझे बिल्कुल याद न था कि कब कैसे कल रात मैं देर से आया। हूँ हाँ कहकर जब मैं उठने को हुआ तो माँ ने मेरा हाथ पकड़ लिया। बर्फ़ की तरह ठंढे थे उनके हाथ।

"वह जो धमाका हुआ था—तुमने भी सुना?" मैंने माँ से पूछा। वह चुप रहीं। मैंने भी दुबारा नहीं पूछा।

ठंढी हवा का एक झोंका कमरे के अन्दर आया। माँ ने खुली खिड़की की ओर देखा। उठकर मैंने खिड़की बन्द कर दी। खिड़की बन्द करते-करते मैंने देखा वही मेरे कमरे वाला तारा उस खिड़की से भी उतना ही पास दिखायी दे रहा था।

माँ के पलंग की ओर लौट रहा था कि माँ के पास सो रही कोई नींद में हँसी। बहन थी। माँ के संग आई थी। शायद बाद में,

या मेरी ही तरह वे दोनों पहले से ही वहाँ थे। मुझे याद न था कि मैं ही बाद में आया था। माँ से पूछा :

"वह नींद में हँस क्यों रही है?"

"कोई सपना देख रही होगी, अच्छा सपना। कभी-कभी रोने लगती है जब कोई बुरा सपना देखकर डर जाती है। हँसती है तो उसे हँसने देती हूँ। रोती है तो उसे सीने से लगाकर मैं भी रोने लगती हूँ...।"

"माँ, दीदी को रोने मत दिया करो।"

बाहर के हॉल-कमरे में कुछ बोलने की आवाज़ आ रही थी। मैंने धीरे से वहाँ का दरवाज़ा खोला। शायद जनता क्लब था। वहाँ चार-पाँच लोग बैठे ताश खेल रहे थे। किसी ने मेरी ओर नहीं देखा। सब की निगाहें अपने-अपने ताश के पत्तों पर थीं। सब अपनी जीत के फेर में थे। वातावरण में तनाव और सनसनी थी। मैंने उन्हें पहचानने की कोशिश की, पर कोई भी चेहरा ठीक से पहचान में नहीं आ रहा था। उनके चेहरे अख़बारों में छपे चेहरों की तरह न केवल दो-रंगी बल्कि दो आयामी भी लग रहे थे। कहीं उनके लिए मेरा चेहरा भी वैसा ही तो नहीं था? अपनी ओर उनका ध्यान आकृष्ट करने के लिए मैंने अपने पाँवों को ज़मीन पर पटका। लेकिन उन पर इसका कोई असर नहीं पड़ा। मानो मैं वहाँ नहीं था। विचित्र संयोग—उसी समय मुझे भी कुछ ऐसा ही लगा कि वे अतीत में हैं। एक विचार-सा मन में दौड़ गया कि सब कुछ दरअसल अतीत में, या भविष्य में है : वर्तमान केवल वह एक बहुत छोटा-सा क्षण है जो बहुत तेज़ी से बीत रहा, इतनी तेज़ी से कि कोई भी उसमें ठहर ही नहीं सकता। वह सब अनुमान में है जिसे हम मौजूद मान लेते हैं। सब कुछ जो हो चुका, वही हो भी रहा है, और वही होने वाला भी है। चेतना उस सब में कहीं भी, किसी भी क्षण में, प्रवेश करके उससे किसी भी पल में बाहर निकल भी सकती है।

इसी समय बग़ल के कमरे से बहन के चीख़ने की आवाज़ आई। वह माँ से लिपटी सिसकियाँ भर रही थी।

बहुत धीरे-धीरे उजाला बढ़ रहा था। मुझे लगा कि मैं केवल अपने कमरे में नहीं, एक बड़े-से घर में हूँ जिसमें और भी कई

लोग हैं, कमरे हैं। जिस धमाके की आवाज़ से मैं जाग गया था वह घर के किसी भी कमरे में हो सकती थी।

मैं अपने कमरे की ओर मुड़ रहा था कि पास के कमरे से पिता ने पुकारा। उनके कमरे की खिड़की एक आँगन में खुलती थी—आँगन के पार घर के मन्दिर के ठीक सामने। बरसों पहले किसी साधु की प्रेरणा से बाबा ने वह मन्दिर बनवाया था। पिता श्रद्धालु स्वभाव के व्यक्ति नहीं थे। जीवन को शौक से जीने में विश्वास करते थे, और इस शौक में ईश्वर को भी शामिल मानते थे। सिरहाने एक ही मेज़ पर रामायण, माला, व्हिस्की साथ रखी देखकर लोग चौंकते, लेकिन पिता को यह विरोधाभास स्वाभाविक लगता। वे कहते थे, 'उनसे क्या पर्दा है?'

उन्होंने अपने पलंग की ओर इशारा किया—"बैठो!" थोड़ी देर कुछ सोचते रहे, फिर बोले—"कब आए?"

"कल रात", मैंने कहा, "रास्ते में मोटर ख़राब हो गई थी तो ज़रा देर से पहुँचा। आप लोग सो गए थे तो जगाया नहीं!"

पिता चौंके। "आप लोग?"

"हाँ, आप, माँ, और दीदी...", पिता मुझे आँखें फाड़कर देख रहे थे। फिर कुछ सोचकर बोले—

"वह कुछ वर्षों से बहुत बीमार रहने लगी थी। हम सब जानते थे कि वह बचेगी नहीं। क्षय रोग की गहरी पकड़ में आ गई थी। तुम्हारी बहन नादान थी, पल भर को भी उससे अलग नहीं होती थी। बहुत समझाते थे पर मानती नहीं थी। माँ को बचाने की कोशिश में ख़ुद भी चली गई..."

"और मैं?"

"तुम छोटे थे।"

"लेकिन उस कमरे में..."

"अब कोई नहीं है", पिता ने कहा, "सिर्फ़ उनकी यादें..."

बेहद बेचैन हो उठा था मैं। दरवाज़ा खोलकर उनके कमरे की ओर दौड़ा। लेकिन उस दरवाज़े के बाहर न वे थीं, न उनका कमरा। नीम के पुराने पुश्तैनी पेड़ पर भोर का उजाला फैल रहा था। तो क्या है वह सब जो एक धमाके से शुरू होता है और दूसरे धमाके पर ख़त्म!

अचानक मेरे मन में एक बिजली-सी कौंधी! और पिता जिनसे मैं अभी-अभी बातें कर रहा था... उल्टे पाँव उनके कमरे की ओर भागा। लेकिन वह कमरा भी वहाँ न था। केवल एक खुला आँगन था। वह सब जो था अब न था। इस न-था से शुरू हो रहा था एक नया दिन, जैसे वह पहली बार हो रहा हो...

●●●